働き方が自分の生き方を決める

仕事に生きがいを持てる人、持てない人

加藤諦三

青春出版社

はじめに

はたから見れば、どう考えてもうかばれない気の毒なことをやっている人が、生きがいを持っていたり、有名会社のサラリーマンで、同期で一番というトントン拍子で出世をしていく人が、実は生きがいをもっていなかったなどということはいくらでもある。

なぜだろうか。

セリグマンは「成功したうつ病(注1)」という言葉を使っている。

そして成功してうつ病になることはしばしばあるという。しかも重症のうつ病がある。

日常生活は経済的に恵まれていても、社会的にエリートでも人はうつ病になることがある。

それはうつ病になった人達を見れば誰でも分かることである。経済的・社会的に恵まれた公務員や大企業のエリート社員がうつ病になる。エリート官僚が自殺する。

年金ではとても暮らせないような人から見れば、退職金も年金も十分な人達が、不眠症にもなれば、うつ病にもなれば、自律神経失調症にもなれば、偏頭痛に苦しんでいる。

うつ病まで行かないが、某有名企業の部長。気を使いすぎて胃を三回も切って、消耗して燃え尽きてしまった。これが成功と言えるか。

私のある知人が、アメリカの三年間の大学院時代にはホームレスをした。ごみ箱から食べ物を拾って食べる。

彼の父親は過労死した。そこで過労死の父親のようになりたくないと彼は思った。

そしてアメリカに博物館を作りたいと願った。彼は「アメリカの子どもに良い環境を与えたい」と燃えたけれども経済的な成功とは結び付かなかった。

でも元気だった。人に認めてもらうために努力する人と、自分の好きなことに努力する人とでは全く違う。

彼は、何かを始めるときにいつも「人生は二度ない、自分が今、しようとすることは本当にしたいことか」と胸に手を当てて考えると言っていた。

あえて自分自身であろうとする。これが心理的健康な人である。自分はこうある「べき」と考えて、本来の自分自身を裏切っている人は神経症である。

ごみ箱から食べられるものを拾って食べる生活をしていた彼は人生における成功者だけれども職業的な成功者ではない。

人生の成功者は自分の人生を後悔していない人である。人生における成功と職業上の成功とは別。

これは本文中で詳しく述べるが、生きる能力と仕事の能力とは違う。

ノーベル賞をもらって自殺する人もいる。自殺とは生きることにおいて心理的に八方塞がりになったということである。

ある職業としての成功者で八十歳を過ぎた人の日記を読んだ。あまりの悲惨さに驚いた。私はあるとき、ホームレス寸前の人が公園でおいしそうにお弁当を食べているのを見ていた。職業としての成功者より、彼の方が幸せだと思った。

職業ばかりではなく、家庭的成功にも心の満足と外側の成功と二種類ある。

皆から「すばらしいご家庭ですね」と言われるが、彼は家に自分の心の居場所がない。立派な個室を持っているが、家に心の居場所がない。家族はたくさんいるが、心はバラバラ。離婚はしないが、家族全員家庭への心理的帰属感はない。

成功には目に見える成功と目に見えない成功とがある。

幸せとは、「こうこうこういうものである」と言えないように、仕事の生きがいもまた、「こうこうこういうものである」とは言えない。

こういう仕事について、こういうことをやっているとか、こういうことをやっている人が生きがいをもっているとか、こういう仕事をこのようにやっている人は、生きがいがなくてかわいそうだとか、そういった一般的な定義が難しいのが、生きがいというものではないだろうか。

この本ではその難しい仕事と生きがいについて「適切な目的」というテーマを中心に考えた。

仕事で消耗する人もいる。逆に仕事が生きるエネルギーになっている人もいる。

仕事は何でもすればいいというものではない。仕事が前向きのエネルギーをくれる。そういう仕事が生きがいのある仕事である。

商品で言えば値段の高い物が良い仕事ではない。今後の生きるエネルギーの糧が良い仕事である。

基本的に自分を見失っているから「何のために働くか?」分からなくなるのである。

ではどうしたら自分を見失わないか。人は人間環境の中で自分を見失う。

働くことが生きがいになるためには適切な目的が必要である。

仕事そのものが問題な場合、職場そのものが問題な場合と、働いている人の心に問題がある場合と分けて考える必要がある。この二つを分けないで考えると社会のためにも本人のためにも間違った結論になる。

この本では仕事そのものの問題というよりも、働いている人の心に問題がある場合の方を考えた。

別の言葉で言えば、生存の問題としての仕事ではなく、実存の問題としても仕事を考えた。

仕事の成功が人生の目的ではない。

人生の目的は最後まで無事に生きられることである。最後まで人生が行き詰まらないことである。

人生の目的は「仕事で成功、関係で失敗」ではない。

仕事で間違った選択をする人は、誰と友達になるかということも間違える。自分の適性にそってはいないが、社会的に認められているという仕事を選ぶ人は、また心のふれあわないような友達を友達と思っている。

仕事に生きがいを持てない人は、たいてい友達との心のふれあいもない。人間関係がおかしい。要するにそういう人は生き方を間違えている。

うつ病になるような人の人間関係、それはお互いに嫌いなのにお互いに「好き」だと思っている関係である。お互いに憎みながらお互いに「愛している」と思っている関係である。

典型的なのがカルト集団である。

カルト集団ばかりか周囲の人から見て鼻持ちならない集団、たとえば鼻持ちならないお金持ちの家族や、虚栄心の強い友人グループ、劣等感で結びついている非行少年グループ、そうしたいろいろな不自然な集団がそうである。

つまりマイナスの感情を絆としてできあがっている関係である。

神経症者は自己実現のエネルギーを理想の自我像実現にシフトするとカレン・ホルナイは言う。

別の言い方をすれば、神経症者は適切な目的実現のエネルギーを不適切な目的実現にシフトするということである。

適切な目的を見つけ、維持するためには意志が必要である。

加藤諦三

第2章

頑張るほど心が疲れる人は、生きる目的を間違えている

――お金や成功より大切な、幸せの絶対条件とは

第3章
仕事が辛いのは、あなたのせいではない
――「あるべき自分」に縛られてしまう心理

第4章　ありのままの自分に気づくことが、明日を拓く第一歩
――困難を乗り越えるために、今すぐできる解決策

第5章 こんな働き方が、あなたの生きがいを創る
――悩んだとき答えを導く判断基準とは

最終章

後悔しない人生を歩むために
——心の中に「目標」を持て

カバーイラスト　©Eugenia Petrovskaya/Shutterstock.com
本文デザイン・DTP　リクリデザインワークス

第1章

何のために働くのか分からなくなってしまう理由

――自分ではない自分で生きていないか

価値を「自分の外」に求めない

「何のために働くか？」と悩んでいる人は、スタートを間違えた。

働くから価値があるのではなく、自分には価値があるから働くのである。

今日を精一杯生きることが明日につながる。

今日ゆっくりと休むことが明日につながる。

お金持ちになろうとしてお金持ちになれるわけではない。

今日を精一杯生きることでいい。明日を思い煩《わずら》わない。


認められようとしたり、優越感を求めたり、価値を求めたりして生きてきたから、「何のために働くか？」分からなくなってしまった。

自己の内なる力でなく、社会的な価値獲得を求めて生きてきたから、間違った生き方をしてしまった。優越感を求めたから、自分ではない自分で生きてしまった。

そして迷路に入って消耗した。

社会的な価値を求めて頑張った。毎日、毎日、仕事の業績をあげることが明日をよくすると信じて頑張った。

今日、少しでも多くの価値を獲得することが明日につながると信じて頑張った。

価値達成タイプの人は、今日業績をあげることが明日につながると思って頑張った。今日業績をあげなければ明日はないと思った。

しかし実は、今日業績をあげることが、明日につながらなかった。それはうつ病になって、自律神経失調症になって、偏頭痛になって、不眠症になってはじめて分かった。体調不良になってはじめて分かった。

今日価値を獲得しなければ、明日はないと思った。そう信じて業績をあげたが、明日はなかった。

仕事で携帯でメールをしている間に、草花の美しさの違いを観察していたら、人生は変わったかもしれない。

仕事で携帯でメールをしている間に、仏教の本でも読んでいたら、人生は変わったかもしれない。

便利さに惑わされた。

見たい時間に、見たいテレビ番組を見られることに何の意味があるのだろうか。

あなたはそんなに忙しいのだろうか。

いったい何のための便利さであろうか？　便利になって何かいいことがあったろうか？手段であるはずの便利さがいつのまにか目的になった。現代では手段の目的化はいろいろなところで起きている。

風が小さな草の葉にも、自分にも語りかけることに気づかない。

生きていくための本来の目的を見失って、生きてきたから疲れて「何のために働くか？」と悩み出したのである。額の汗が人に幸せをもたらさなくなった。

「何のために働くか？」と悩み始めたということは、あなたは今本来の生き方に立ち返る時期だというメッセージである。

娯楽と便利さで人は幸せになれない。


便利さだけを追い求め、人より早く何か便利な情報を得て、得意になっていた。

そうした、何の当てもない生き方をやめる。現代人は便利、便利と言って人生という大海原を当てもなく流れてきた。

今、基本に立ち返るときである。

こつこつと自分の才能を磨く。

先祖を大切に思う気持ちを表現する。

今までの人間関係を反省する。素晴らしい人と思って恐れていた人が、とんでもないずるい人だったかもしれない。

あの人にはとても勝てないと思って劣等感を感じていた人が、とんでもない冷たい利己主義者だったかもしれない。

無視して生きた方がよい人を尊敬していた。高慢な人に嫌われることを恐れて無理をして尽くしていた。

そうでなければ今生きることが辛いはずがない。生きがいがないはずがない。

祝福される人生を、呪いに変えたのは人生自身である。


自分を忘れていない人は、何をしていても自分を大事にしている。

職種はいろいろとあるが、おおかた同じようなことが言える。

逆に生きがいのない人達はどうであろうか。

ビジネスパーソンでも学者でもいつも人の悪口を言っている人がいる。そういう人は学問や仕事が好きではない。

たいていそういう人は仕事で業績をあげて人を見返そうとしている。

どんなに業績をあげても本質的に満たされていない。だからいつも人の悪口を言っている。

パソコンの変換速度が速くなることが、そんなに偉大なことか。『預言者』を書いた詩人のカーリル・ギブランは、自分自身の愛で風の声をやさしい歌に変える人こそが偉大なのだという。

人生が自分に語りかけてくることを意味あるものに変える人こそが偉大なのである。

なぜ、成功しても心はむなしいのか

業績第一主義の人のエネルギーは防衛的に使われていることが多い。つまり自分の面子《メンツ》を維持するためとか、自分の今のイメージを保持するためとかいうことに使われている。

仕事をする目的が、自分のイメージを高めることだから、努力が実を結ばない。

そうなると適切な目的達成は無理になる。

つまり目的が非現実的に高すぎたり、逆に自己蔑視から無気力になる。

いずれにしろ生きるエネルギーを無駄に消費する。

どんなに努力しても、その努力は適切な努力になりようがない。

適切な目的なら、成功しても失敗しても充足感があり、その意味でエネルギーは有効に使われている。

つまり成功しようが、失敗しようが自分の潜在的能力を使う。要するにポテンシャルが高い。

最も活動的な人間の一人であるリヴィングストーンは言っている、「神のために働くとき、額の汗は神経強壮剤だ」と。（注2）

最もポテンシャルが高い人は、神のために働いている人である。

逆に功名を焦っている人は「自分さえよければいい」といいながらも、そういう人は生きていることがむなしいのである。働いてお金を得ながらも働いていることがむなしい。


私は、自分がネコだと分かっていました。魚を食べているから。魚が美味しいから。

では、はたらく喜びを知らない人はどう言うか。

私は美人です。秘書をしています。美しい服を着ています。

「でも、私、人間？」

私は何のために働いているの？

ネコが「魚を食べているから、魚が美味しいから、私はネコ」というように、そういう人は「だから私は人間なの」というものがない。

むなしい気持ちに襲われるのは見当違いなことをしているときである。

働いている喜びと「認めてもらう喜び」とは違う。

会社が認めてくれるという喜びで働いているから、途中で「何のために働くのか？」になる。

仕事に成功すれば、確かにそれはうれしい。でも認めてもらいたいという欲求が満たされただけ。

自分が本当に「やりたいことがない」。これがあるから自分の人生には意味があるという「やりたいことがない」。

それは心に憎しみがあるから。

何よりもまず「憎しみを晴らす」ということが先になる。本当にしたいことはあるのか。

人が本当にやりたいこととは前向きなことである。本当にやりたいこととは、人をけなすこととか、足を引っ張るとかいう非生産的なことではない。

「何のために働くか？」、それが分からない人は、「自分の憎しみを認めろ」ということである。そしてなぜ憎しみを持ったかを考える。

「見返したい」ということが先行すると、最後は何も残らない。そして名誉も権力も手に入らない。

そこで「何のために働くか？」と悩み出す。

業績をあげても、現実には見返していない。そして心身共に消耗した。

多くのビジネスパーソンは本当に好きなことまで気が回らないうちに疲れてしまった。

業績をあげているときには、そのときは楽しい。でも数年経つと「何をしていたのかな？」と思う。

「何のために働くか？」と悩み出すのは、そういう生き方をしてきた結果である。

燃え尽き症候群の人が持つ目的は、外から与えられた目的で自分の内から湧いてきた目的ではない。

したがって働いていることそのことから満足が得られない。

「何のために働くのか」と悩む人は、すでに燃え尽き症候予備群の人でもある。

何のために働いているのか分からない、働いてもむなしいという人は、さらに自分に与えられた生活の中で楽しみがない。

楽しみとは何でもいい。一年間で五十冊の本を読もうとか、鳥を観察したいとか、今月は季節を感じてすごすとか、いわゆる娯楽を今週はやめてみるとか、画でも描き始めるかでも何でもいい。

おそらく「楽しい」ということを感じるのは人間としてまともな生き方をしている証拠なのだろう。

逆に言えば、何をしても楽しくないというのは、人間としてまともな生き方をしていない証拠である。非本質的なことに気をとられて、本質的なことを忘れた。

第2章

頑張るほど心が疲れる人は、生きる目的を間違えている

――お金や成功より大切な、幸せの絶対条件とは

幸せの条件1

自分に合った目的を持つこと

逆境でも幸せな人は「適切な目的」を持っている

カリフォルニア州立大学の心理学名誉教授であるサミュエル・S・フランクリンは、著書『The Psychology of Happiness』で「幸福観は、その人のパーソナリティーと非常に関係がある」と書いている。

どんなパーソナリティーかというと、第一に「楽天的である」こと。楽天的という特性を持った人は、何か悪いことが起きたときに、それが「続いていく」と考えない。

二番目は「幸せな人は、幸せな人的環境を持っている」という。

ひどい人間関係の結果が、不適切な目的である。

三番目は「自分に適切な目的を持っているかどうか」ということである。

同じようなことは他の本にも書かれている。（注3）

アメリカの心理学雑誌『Psychology Today』の一九九二年の七、八月合併号に「幸せになる秘訣」という記事が掲載されており、そこにも同じように幸せな人の特性は「楽天的であること」と書かれている。

「National Institute on Aging」という機関が十年間にわたって調査をした。すると一九七三年に幸せであった人は十年経った一九八三年にもまだ幸せであったという。ある特性を持った人は困難に出会っても、なお幸せを更新していく。困難の中で新たな幸せを見つけていく。

楽天的という特性を持った人は、なにか悪いことが起きたときに「それは私の過ち、この悪いことは続いていく」というような考え方をしない。

適切な目的がある人は、次の二つの特徴がある。

1　緊急の必要性がない。つまり基本的不安感がない。

2　強迫的名声追求がない。

心理的に病んだ人は非現実的に高い目標を持ったり、目標そのものを持たなかったりする。

心理的に健康な人は自分がなんとかできる目的を持つ。

頑張っても不安なのは「目的を間違えている」から

適切な目的とは、その人の心理的成長に役立つ目的である。

人は単に「私は心理的に成長しよう」と頑張っても成長できるものではない。何かをする活動の結果として成長する。その目的に向かって頑張っている人が、心理的に成長していれば、それは適切な目的である。

頑張っても、頑張っても、不安な人は、目的が間違っている。努力しているのにイライラがとれない。そういう人は目的が間違っている。

実はその目的はその人が神経症者だからである。つまりそれは神経症の症状で、その人の本来の願望ではない。

自分が本当に望んでいることと、自分の神経症の症状との区別がついていない人が多い。

自分がある仕事に就きたいと思っているとき、自分がある会社に入りたいと思っているとき、自分がある大学に入学したいと思っているとき、自分がある人と恋愛したいと思っているとき、それは「本当に自分の望みなのか？」と考えることが必要である。

適切な目的とは別に生活の糧とは関係ない。お金を稼ぐことだけではない。お金を稼ぐことが、適切な目的の場合もあれば、適切な目的でない場合もある。

お金を稼ぐことがその人の適切な目的な場合であれば、その目的があることによってその人が心理的に安定している。その人がエネルギッシュであることである。

このエネルギッシュという意味はただ動き回るというようなことではない。あくまでも自分の潜在的能力を活用するという意味で生産的ということである。

フロムは時に活動的と生産的とは反対であると述べている。

活動的であることがその人にとって喜びであるときに、その活動は生産的である。不安に駆られているときには、それは生産的ではない。

焦っている人などは、どんなに動き回っていても、生産的ではない。それは躁うつ病の「躁《そう》」のときを考えてみれば分かる。

大切なことは、人間性に基づく渇望や願望と、神経症的傾向の症状としての強い渇望や願望の区別である。

人間性に基づく渇望や願望は、その満足を求めて努力すれば、成長に結びつく。幸せに結びつく。心理的に強い人になれる。

しかし神経症的症状としての強い渇望や願望は、成功か失敗かにかかわらず、いよいよその人を不安に陥れ、いよいよ弱い人に追いやる。いよいよ非生産的な「いい人」に追いやる。あるいはずるい人になっていく。

自分が今、神経症的症状としての強い渇望や願望に動かされているか、人間性に基づく渇望や願望に動かされて生きているかはどこで判断できるのか?

これは極めて重要な問題であるが、同時に極めて難しい問題である。

その一つは日常生活で自分がどのくらいイライラしているかという心理的不安定が一つの目安である。していることが強迫的である。そうしないではいられないという強迫性である。

フロイデンバーガーは、燃え尽き症候群の人は決まって認めてもらいたいという欲求があるという。

「認めてもらいたいという欲求」が強すぎて、「本来の自分」の欲求、自己実現の欲求などが無視されている場合は、心理的不安定になる。

「本来の自分」の欲求の場合には、心理的に安定している。頑なではない。柔軟性がある。

もう一つは、自分が何か大切なものを忘れているような気持ちに襲われるかどうかである。どのくらい焦っているかなどの基準である。

大切なものを忘れているのに、大切なものを忘れていると意識したくないので、その気持ちを無意識に追いやる。その抑圧が焦りの原因になる。

大切なことを忘れているということを忘れるために必死に何か別のことに自分の気持ちを向けようとする。それが理由なき焦りの原因である。

何か大切なものを忘れて困っているような夢をよく見るような場合には、神経症的傾向の強い渇望や願望に動かされて生きている証拠である。

大切なものを忘れてどうしても見つからないで焦っている。「どうしよう?」と困っている。でもどうすることもできないで「助けて」と叫んでいる。夢から覚めてほっとする。

そんな夢をよく見るなら、人間性に基づく渇望や願望を裏切って生きてきた証拠である。

それは人間性に基づく渇望や願望を置き去りにして生きてきた証拠であろう。一口に言えば自己実現の願望を置き去りにして生きてきた証拠である。

強迫的に名声を求めながらも、現実には何も実現できない。そのときに焦る。

心の葛藤にくるしみながらもその解決をするための行動ができない。それが焦りである。何だか分からないが、とにかく焦っている。落ち着かない。食事をしても、仕事をしても、デートをしても、落ち着かない。

こうした場合には、神経症的症状としての強い渇望や願望に動かされている。今の目的は、適切な目的ではない。

適切な目的を持てない人の心理

働く生きがいにとって大切なのは適切な目的である。もっと言えば適切な目的を持つ心理状態である。

もちろん適切な目的を持つ人は適切な自己評価がある。誇大な自我のイメージのある人は適切な目的を持てない。神経症的自尊心の持ち主に適切な目的を期待することはできない。

たとえばナルシシストには適切な目的がない。

それは誇大な自我のイメージがあるからである。「現実の自分」にふさわしい目的では誇大な自我のイメージが傷つく。ナルシシストは野心家である。

ナルシシストは職業選択で適切な選択ができない。人間関係の中での自分の位置が分かっていないから適切な人間関係も、適切な職業選択もできない。

ある人が言った。

そんなところに就職したら世間様に恥ずかしい。

ある就職活動をしている若者である。

一般企業は自分に合わないし、残業で自分の時間もとれないし。海外ボランティアをしたい。親からは「雲をつかむような話、お金を出さない」と言われた。「留学したいならお金を貯めればよい」と言われた。

彼は、自分はものすごい強い人間だと思っていた。誇大な自我のイメージに囚われて、どうしても現実の就職ができない。

クラブの部長に選ばれなかったことで、落ち込み、就職活動を続けられなくなった。彼の誇大な自我のイメージは、彼の心の底の不安と恐怖を表現している。

仕事で大事なことは能力の有無ではない

仕事で最も重要なのは、能力があるかないかではない。

仕事ができない人は、自分の能力を人間関係の中で適切に判断できない人である。能力がないから働く場所がないということはない。誰にでも能力はある。自分の能力では無理なのに、無理ではないと思っている人は働く場所がなくなる。心の葛藤を解決するための目的と、対象への関心からの目的とは違う。心の葛藤を解決するための目的は適切な目的とはならない。対象への関心からの目的は適切な目的になる。

上高森遺跡の旧石器発掘ねつ造事件というのがあった。旧石器発掘ねつ造は、なんと三十遺跡以上だったという。

発掘は地味な仕事である。その彼がなぜねつ造事件までいってしまったのだろう。彼は少年のときの興味のままに生きていけばよかった。

それをいつの間にか彼は周囲の人達の期待に応えようとし、無理を始めた。

興味と関心で動いている人は、認められなくてもエネルギーは続く。

自己疎外された人が頑張る。成功するときも、失敗するときもある。しかし成果が上がっても心はいよいよ病んでいく。

「好き」と「欲」とは違う。好きが勝てば幸せになれるし、欲が勝てば不幸になる。

フロイデンバーガーが言うように、燃え尽きる人は弱点を隠すのが上手い。自分の弱点を認められない。小さい頃から、他人に認められる必要性がその人の心の中にビルトインされている。燃え尽きる人は「気持ちが不安定で、人をけなし、怒りっぽく、がんこで他人の忠告に耳を傾けようとしない。(注4)」

しかし興味と関心で動いている人は、それほど弱点にこだわらない。

フロイデンバーガーの「燃え尽きる人は気持ちが不安定である」というのはよく理解できる。

つまり仕事が自己実現のための仕事ではなく、自我の安定のための仕事であるからである。人に認めてもらうための仕事であるからである。非現実的なほど高い期待で、人は燃え尽きる。

「高い目標を自分自身に課している人々は、認められる必要性がビルトインされているようである。(注5)」

仕事ができるかより、仲間に受け入れられるか

小さい頃、勉強しなければ親から認めてもらえなかった、家の手伝いをしなければほめ

てもらえなかった、そうした人間環境で成長すれば、認めてもらうためには優れていること、業績をあげることが必要と思うのは無理ない。

しかし本当に仲間に受け入れてもらうためには、仕事ができることではない。況《いわ》んや大きな仕事をするからではない。

小さな仕事をこつこつとする「その態度」で仲間に認めてもらえる。あるいは仲間意識があるから仲間に受け入れてもらえる。

大人になって、虚栄心の強い人達は別にして、幸せな人達の仲間に入れてもらうためには、何よりも仲間意識があることが必要である。

競争意識が強くて、人をけなしたり、虚栄心の強い人は、どんなに業績をあげても「やさしい人達のグループ」には入れない。

競争意識が強くて、虚栄心の強い人に養育された人がいる。しかしそういう人も大人になって小さい頃と環境は変わった。行動をするコンテクストは変わった。

それなのに、そういう人は小さい頃と同じ感覚で行動していることが多い。だから頑張っても、頑張っても、劣等感はなくならないし、焦りの気持ちは消えないし、心の底のそのまた底にある恐怖感は消えない。

どんなに頑張っても「幸せな人達の仲間」には受け入れられない。どんなに頑張っても心の底の孤独感と恐怖感はなくならない。

大人になって良い人間関係ができるかどうかで大切なのは、小さい頃と、自分を取りまく「世界は変わった」という意識が本当に身についているかどうかである。

ある人は仲間に入れてもらいたくて間違った方法で頑張っている。

「嫌われている人がいると、できるだけ皆と一緒になってその人をいじめる。仲間に受け入れてもらえるように一緒にいじめる」

この人は小さい頃は、冷たい利己主義者の中にいた。しかし大人になって昔と同じ質の人が周りにいるわけではない。それなのに昔の心で、今もいる。

この人は不幸な人の仲間に入れてもらおうと頑張っている。こういう人達は、ブランド品を買うと人にそれを見せたいような人達である。

小さい頃は優れていることが仲間に受け入れてもらえる条件であった。家族の中でもそうだった。成績の良い子がほめられた。

「大きな仕事することで、人に認めてもらえる、仲間に受け入れてもらえる」、小さい頃は、それは正しい解釈であった。しかし大人になって人間環境は変わった。

周りにいる人の質が変わった。一生懸命に頑張っても幸せになれない人は、それに気がついていない。

「自分は小さな世界に閉じ込められていたのだ」、それに気がついていない。

劣等感の強さが不幸の根源

逆に不幸な人にも共通性がある。

それはメサイア・コンプレックスのように不適切な目的を持っている人達である。

ある高校生は「俺は世界連邦を作る」と言っていた。こんなことを言うのは不幸な証拠である。ものすごい深刻な劣等感である。劣等感は人生をダメにする。

世界連邦などと言っているのは、その人が不幸な証拠である。高校生で「世界征服をする」などと言っている人達である。何か深刻な抑圧がある。

日々の生きる目的が見つからない。どうして生きていいか分からなくて「俺は世界連邦を作る」と言っている。

こういう想像の世界で生きている人は、威勢のいいときは「世界連邦を作る」となるが、弱気のときになるとどうなるか。

一緒に死のうというなら死ぬ覚悟はできています。

つまり劣等感が強いばかりか、強度の依存心がある。

こういう人達も皆心理的迷子である。生きる道が分からなくなっている。道が分からなくてどうしても目的地につけない。焦って目的地に行こうとしているが、目的地に行く道を見失っている夢などをよく見る人達である。

メサイア・コンプレックスの人である。救世主コンプレックスである。「俺は人類を救う」とか「世界の悩んでいる人を救う」などという願望である。

もちろん適切な目的ではない。「私は人類を救いたい」というような法外な願望である。

自分とキリストやお釈迦様との位置の違いが分からない。

なぜ適切な目的を持てないか、それは彼らが仲間とのコミュニケーションができていないからである。

普通に仲間ができ、目上の人がいて、遊んだり勉強したりしていれば、「俺は人類を救う」とか「世界の悩んでいる人を救う」などというような、「自分の位置が分からなくなる発言」はない。

自分の位置が分からなくなるのは、現実とコミットしていないからである。現実とコミットしているためには、周囲の人とコミュニケーションしていることが条件である。

本当に人を救いたい人は、もっと具体的である。「人類を救う」とは言わない。「あの人を救いたい」である。もっと一般的に言う場合でも「困った子どもを救いたい」である。

具体的な目的を持っている人には行動が伴う。しかし「人類を救いたい」と言う人には具体的な日常の行動がない。

そういう人は何か深刻な感情を抑圧している。

たとえば父親への憎しみ。愛情飢餓感がすごい。私はありのままの自分では誰からも受け入れてもらえないと感じている。

こういう人は何をしても、それは人から受け入れてもらうための言動である。受け入れてもらえないと、すぐに生きるエネルギーは枯渇する。

興味と関心で動いている人は、認められなくてもエネルギーは続く。

仕事に生きがいを感じるためには、適切な目的が必要である。

この適切な目的と反対なのが、神経症的要求という非現実的要求である。

非現実的な目的を持っている人は自分のない人である。自分が現実の中で生きていないから、非現実的な望みを持ってしまう。

心理的に健康な人は現実の中で生きているから自分にはそれだけの力がないということ

が理解できてくる。

心理的に健康な人は自分にできることが自分の生きがいになってくる。また逆に生きがいがあるから自分の位置に満足できる。

本当の望みが分かっていない人

自分にふさわしくない目的を持つ人は、他人の反応としての自分しかない。ほめられるとうれしい、けなされると落ち込む。

自己疎外された人は他人の期待に応えるための自分しかない。親の期待に応えるためだけで生きてきた人は、大人になれば今度は周囲の人の期待に応えて賞賛を得るためだけで生きていく。

そして賞賛を得られないと分かると生きる気力をなくす。生きるエネルギーを失う。賞賛が生きる満足になる。生きる意味になる。完全な自己喪失である。

そういう人は、自己実現の喜びを体験しないままに生きてきてしまった。

「自分の家をつくる人は幸せをつくり、スペインにお城をつくる人は失望するだけである」（注6）

まさにその通りである。

悩んでいる人は、スペインにお城を持つことを願う。しかし幸せな人は自分の家をつくろうと額に汗して働いている。

心の葛藤から生まれる願望は実現しても実現しなくても不幸になる。

スペインの城は自分が欲しいのではない。周囲の人から「わー」と言われたいからスペインに城を持ちたいのである。「わー」と言われるためならスペインのお城でなくて、他の物でもよい。

心に葛藤がない人が適切な目的を持つ。そしてそれは幸せな人の共通性である。

この章の始めに書いたように適切な目的がある人は、次の二つがある。

1　緊急の必要性がない。つまり基本的不安感がない。

2　強迫的名声追求がない。名声以外に関心がないということはない。

適切な目的とは、その人の心理的成長に役立つ目的である。その人の潜在的能力を活かす目的である。

心理的に成長しようと頑張っても成長するものではない。何かをすることの結果として成長する。その目的に向かって頑張っている人が、心理的に成長していれば、それは適切な目的である。

頑張っても、頑張っても、生きることが苦しい。何か分からないがむなしい。こうした生きることが辛い人、不安な人は、生きる目的が間違っている。努力しているのにイライラがとれない。そういう人は目的が間違っている。

そういう人の目的はフロムの言葉を使えば、神経症的渇望であろう。(注7)

確かにその人は「それ」を望んでいる。求めている。渇望している。しかし実は「それ」はその人が神経症者だから「それ」を望んでいるだけである。

神経症が治ればそのことを渇望しない。

適切な目的とは、お金を稼ぐことだけではない。

お母さんが金を稼ぐことがそのお母さんの適切な目的な場合もあれば、そうでない場合もある。

あくまでも適切な目的はその目的があることによってその人が心理的に安定しているということである。その人がエネルギッシュでいられることである。

このエネルギッシュという意味は、ただ動き回るというようなことではない。あくまでも自分の潜在的能力を活用するという意味で生産的ということである。

フロムは時に活動的と生産的とは反対であると述べている。(注8)

活動的であることがその人にとって喜びであるときに、その活動は生産的である。

不安に駆られて動いているときに、それは生産的ではない。焦っている人などは、どんなに動き回っていても、生産的ではない。


幸せの条件は、良い人間関係と適正な目的である。

非現実的な期待を持つ人は、自分の適性に合ってないことをしている。

適切な目的を持った人は、達成したことの少し上を目指す。

「一歩ずつ」というのが適切な目的である。「一歩ずつ」前に向かって歩き続けられる人は、そのことに興味と関心がある人である。

適切な目的があるから、必要のないものを捨てられる。

適切な目的があるから困難に耐えられる。

「この目的のため」ということがあれば、屈辱にも耐えられる。

たとえば「この子を守るために」というのであれば、母親は悔しさも我慢できる。

しかしその「この子を守るために」というのがなければ、悔しさに耐える「心の支え」がない。

適切な目的が人を強くする。

幸せの条件2
良い人間関係にいること

「人をけなす人間関係」から離れる

ところでこの適切な目的と深く関係しているのが、良い人間関係である。

先に幸せな人の共通性として適切な目的とともに良い人間関係をあげた。この二つは深く関係している。

『「自分の働き方」に気づく心理学』という本に「だいぶ前の話であるが、ラジオの深夜放送が最盛期の頃、深夜放送のディスク・ジョッキーのなかで、一般的には大変人気があるのだが、大学生の嘲笑の的になっているディスク・ジョッキーがいた(注9)」と書いた。

実は問題は、仲間内で「騒音だ」「軽薄だ」とけなしていることなのである。

「騒音だ」「軽薄だ」とけなしている大学生達が生きがいを持つためには、「なぜ彼がそのつまらなく見える仕事をあそこまで夢中でしているのだろう?」ということを考えることなのである。

しかしそう考えるには人間関係が悪い。仲間と「あいつは騒音だ」「あいつは軽薄だ」とけなすことで自分の神経症的自尊心を維持しているかぎり、適切な目的は持てない。

仲間内で集まって人を批判して、気持ちよくなっている。そうした人間関係の中にいる限り、生きがいは持てない。

そうした人間関係から離れることが適切な目的を持つためには必要である。

良い仲間ができないから、適切な目的がない。そして人生において多くのものを失ってしまう。もし中学時代、高校時代に良い仲間がいれば、こうならない。集まって人を批判して気持ちよくなっているような集団に入っていかない。

良い仲間がいれば、自分の限界も分かる。「自分とは何か?」も分かってくる。子ども時代に身につけた生き方の修正もできる。青年期に人格の再構成ができる。

現実否認をしていると周りに変な人が集まる。そして変な人の集団ができる。「カラスは白い」と言い張っていれば、変な人が集まるのは当たり前のことである。

そして努力して頑張っても人に利用される。時には騙される。

「あのブドウは酸っぱい」と言わなければ、変な人に引っかからない。「あのブドウは美味しいけれども自分はとれない」と自分の現実を認めれば、ブドウに興味がなくなる。

そして自分に本当に興味があるものが分かってくる。そして周りにはまともな人が集まる。

また逆に素直になって自分に興味あることをしていれば、あのブドウは甘いという現実を認めることができる。

それを認めれば、自分のすることが見つかる。

自分の弱点を認めるから、自分の長所が見える。

現実を認めれば好循環する。現実否認で人生は悪循環に陥る。

苦しくても現実を認める。その苦しみはアドラーの言う「苦しみは解放と救済に通じる」という苦しみである。

あなたは、どんな家族関係で生きてきたか

もちろん離れなければならない人間関係は友達関係だけではない。家族関係も同じである。

ある就職期の女性である。自分の高校時代について次のように話した。母親は他人には「娘には、大学なんてどこでもいいって言っているのよ」と言う。そう言いながら、娘が「○○大学を受ける」と言うと「そんなレベルの低い大学はやめなさい」とものすごい顔をして言う。

ある男性は大学受験のときに母親に「お前が○○大学には入れないなら家に火をつけて死んでやる」と脅された。

こういう親子関係が就職期まで続いていれば、就職で適切な目的は持てない。友人であれ、家族であれ、恋人であれ、虚勢を張った人と人間関係を持っている限り、なかなか仕事で適切な目的は持てない。

それは会社に入った後からも同じである。ある女性は、会社を辞めると親に怒られるから、会社を辞めた後も同じ時間に家を出ていた。

会社でなく大学でも同じである。両親や祖母に認めてもらうことが目的ではなく、大学入学そのことが目的なら、自分の能力に応じてその時その時で適切な目標に切りかえられる。

勉強がよくできると認められるという人間環境の中で成長した、そういう土壌の中で勉強した。

どの大学に入学するかは両親や祖母が望んだことである。自分がその勉強をそこでしたいと思っていたわけではなく、外から言われただけだったとする。つまり個人のイニシアティブはゼロである。そうなれば卒業後の仕事で適切な目的は持つことは難しい。

大切なのはその人が「どういう人間環境の中で、それまで勉強したか」ということである。

自分はありのままの自分では認められないと思っていた。そういう人間関係の中で勉強していた。そういう対人関係の中で生きてきた。

「仕事で適切な目的を持ってない」と感じている人は、自分が生きてきた社会的・心理的枠組みを見つめ直すことである。

「この仕事がしたい」という願いも、その始まりから、人間関係と深く結びついている。もし権威主義的な父親に従順であることに喜びを見いだしていたら、適切な目的を持てない。

理由もなく生きるのが辛い人にとって、何よりも重要なのは、自分はどのような人間関係の中で育ったかということである。それを考えることである。

理由もなく生きるのが辛い人は、仕事を探すまえに、今までの人間関係を考えてみる。

第3章

仕事が辛いのは、あなたのせいではない

――「あるべき自分」に縛られてしまう心理

心理1　劣等感

長寿村・コーカサスの秘密

アメリカ・インディアンは健康なことで有名であるが、アメリカ・インディアンばかりではなく、長寿で有名なコーカサスの人々も燃え尽きる人とは違った生き方である。

彼らは自分に適した目的を持って生きる。コーカサスの本(注10)には目標がはっきりとしていることと、この達成可能な目標とが感情的な緊張を和らげると述べている。

まさにその通りで、そのことがコーカサスの人々の長寿の一つの原因になっている。

確かにしっかりとした具体的な目標があれば、そんなに消耗してしまうほど速く走る必要はない。マゾヒスティックな努力をしている人は自己実現との関係で目標を見失っているのであろう。

「しっかりとした具体的な目標」とはあくまでもその人自身が「こうしたい」ということで、それによって「人からほめられたい」ということではない。

非現実的なほど高い目的に固執している人は人と親しくなった経験がないのである。だから人に対しての自分の価値が分からない。

偉くなくても自分は相手にとってかけがえのない価値があるということが理解できない。

つまり自分が自分を受け入れていない。

心理的に健康な人は自分がなんとかできる目的を持っている。

私達はうまくいくとその後少し困難のレベルを上げる。そして自分への期待も上げる。

新しい目標を持つ。新しい希望を持つ。

自分にふさわしい目的を持てるか持てないかが、その人の心理的健康の一つのバロメーターである。

ある本の第4章に、デューク大学行動医学研究センターのウイリアムズ博士の書いた「敵意と心臓」という論文がある。(注11)

心臓病になりやすいと言われるタイプAの人はこうした目標の取り方が不得意である。

タイプAの人は競争を好み、常に他人と自分を比較する傾向があるから、適切な目的が持てない。

タイプAの人には安心感がない。

人は強迫的に名声を求めていると自分にふさわしい目的を持てない。

劣等感が深刻だったり、自分への失望感がひどいと、それとのバランスをとるために激しく賞賛を求める。

そこで心理的に病んだ人は不適切な目的をもつ。たとえば非現実的に高い目標を持つ。目的を間違える。それは人生を間違えることでもある。


アメリカの心理学雑誌に"Just manageable difficulty"という言葉が出ていた。心理学者のNicholas Hobbsが言いだした言葉である。

心理的に健康な人は自分がなんとかできる目的を持つ。

それは自分の能力にあった困難である。自分の能力で対処可能な困難である。

神経症者は誰かがこれを解決すべきだと考える。困難を解決する責任は他人にあって自分にはない。

劣等感から成功を求める愚

なぜ適切な目的を持てないか？

それは仕事の業績で、日頃の心の葛藤を解決しようとしているからである。

心の葛藤の解決は、その時その時の心理的課題を解決して生きてきているかどうかで決まる。仕事の成功と失敗とは関係ない。

それにもかかわらず自分に対する失望の反動形成として非現実的なほど高い期待を仕事に持っている人がいる。

極端な例はメサイア・コンプレックスと言われるものであるが、強迫的に権力を求める政治家なども同じである。

そうした政治家の無意識にある自己イメージは「私はダメな人間」であるというものであろう。無意識で自分が自分を見下げ果てている。権力を求める政治家の見下げ果てた自己イメージは政治学者のラスエルの指摘するところである。

そういう人達にとって目的達成が神経症的解決になっている。

権力でなくても同じである。ある人は山男のイメージに憧れて登山する。登山が好きなわけではない。

登っても、登っても登山の体験が心に積み上がっていかない。

どのような種類の行動であれ、劣等感からの行動は、積み上がっていかない。友人も、思い出も、一歩、一歩と人生が積み上がっていかない。その人の人生を豊かにしていかない。その人の人生をダメにする。

何のための目的か?

人生をダメにする人の目的は、目的が人生の問題の神経症的解決になっている。

つまり仕事以外のところですでに失望している。その失望を仕事で取り返そうとしている。そうなると仕事で適切な目的を持つことはありえない。

本来目的は現在の行動を充実させるものである。

弓を射るのが好きで、その行動を面白くするために弓矢の的ができる。弓矢の的が目的である。的が先にあるわけではない。

生涯学習などでいろいろな賞がある。早稲田大学にはオープンカレッジ紺碧賞という賞がある。それは元々学ぶことが目的で学んでいる人が、その学ぶことをより充実するための賞である。

したがって何をしたいかが分からなくなっている心理的迷子になっているときには、なかなか適切な目的を見つけられない。

定年後に「ソバ屋をしたい」というのがよく言われるフレーズである。本当にそうなら定年前にすでに準備しているはずである。

今している仕事の目的が分かっていない。生きる目的が分かっていない。それでは、どんな仕事についても同じである。幸せにはつながらない。

この目標を達成することで何をしたいのか考える

私達は一度「自分はこの目標を達成することで何をしようとしているのか」と反省してみる必要がある。

神経症的で苦しい毎日を送る人がいる。

単純に「間違った目標」を持っていた。心の病んだ人達と人間関係があった。

適切な目的を持てるのは、その人がその時期その時期の一つ一つの心理的課題を解決しているからである。

適切な目的を持っている人は、自分自身を裏切って生きていない。したがって無意識に「私は偽物であるという意識」がない。したがって本物と思う人に対する劣等感がない。

要するに劣等感や優越感などで、人に振り回されない。

ある日、ある人が、今述べたように自分はこの目標を達成することで何をしようとしているのか反省をしてみた。

すると「自分はこの目標を達成することで人からちやほやしてもらう」ということだと分かった。そして「自分は淋しかった」ということに気がついた。

ここが大切なところである。つまり自分はやさしい人達との人間関係がなかったということに気がついたのである。

しかし「間違った目標」を持っていたときには、自分は淋しいということを認めることを拒否していた。自分が本当に求めているものが分かっていなかった。

その人は「私は淋しかった」と認めることで救われた。

適切な目的を持てるのは、その人が一つ一つの心理的課題を解決して生きているからである。ある朝、目が覚めたら適切な目的が分かったなどというものではない。

適切な目的を持っている人は、「あの人は本物だ」と思う人に対する劣等感がない。無意識に「私は偽物だという意識」があると、人の言うことに振り回される。

アイデンティティーの未確立

心理的に未解決な問題が山積しているとはどういうことか？

それは、親から心理的に自立していない、アイデンティティーが確立していない、興味の覚醒ができていない、劣等感やナルシシズムの解消ができていない、母親固着が解消されていない等、様々な心理的課題が未解決であるということである。

就職が心の葛藤を解決するための目的になってしまう人が多い。そうなると自分の潜在的能力を活かすための仕事ではなく、劣等感を癒すための仕事になる。

それを目的にスタートを切る。ここで不幸な人生の進路が確定してしまう。そうなると少しでも条件のよい会社ということになる。

もっとひどいのは親に認めてもらうための就職である。

それを目的に社会人のスタートを切る。ここで不幸な人生の進路が確定してしまう。

オーストリアの精神科医ベラン・ウルフが言うように「不幸は不幸の上に積み重なる」。

短いが名文なので原文をそのまま書いてみる。

Unhappiness is heaped on unhappiness.(注12)

人生の道を進むうちに、その人の無意識の世界で不幸は蓄積されていく。気がつかないうちに不幸は山盛りになる。

そこまで来ると、もう自分で自分が分からなくなっている。

心の葛藤を解決した後で「この仕事がしたい」となって初めて適切な目的の仕事が選べることになる。

とにかく青年期の課題である「アイデンティティーの確立や興味の覚醒」が、適切な目的を持つためには必要不可欠である。

深刻な心の葛藤を抱えたままで仕事を選択しても、幸福な人生になるのは、宝くじに当たるよりも確率は低い。

興味の覚醒のためには、自己執着から解放されていたり、ナルシシズムが解消されていたり、愛情欲求に振り回されていない心理状態でなければならない。

一口に興味の覚醒といっても難しいことである。

そこで多くの人は自分の不得意分野でエネルギーを浪費することになる。

実際、自分の不得意分野で活躍している人は多い。そういう人達は、成功しているのだけれども「なんだか変だ」と感じている。

自分の不得意分野で失敗している人は多い。そしてその人達は、自分が不幸なのは失敗したからだと思っている。

失敗したから不幸なのではなく、いる場所を間違えたから不幸なのである。

自分に高い目標を課している人は、他人に認められたいという必要性が内面化されている。(注13)

「自分の適性を活かしたい」ということの前に「認められたい」が先に来る。すると人に認められたいための仕事になる。そこで適切な目的を持てない。

「しっかり勉強して、立派な人間になるのだ」という父親の教えが内面化されて、不得意領域で一生苦労してしまう人もいる。

認められたい願望が先行する。マズローの言葉で言えば「安全性の優位」である。

幸せな人は、適切な目的を持っている。また逆に適切な目的を持つ人は幸せになれる。

心理的に未解決な問題を残していない人は、適切な目的が持てる。それは大事なことを始めるときには、それなりに調べて、それなりに準備をするからである。

準備をする過程で、目的が調整される。

つまり無理をしない。無理をしないということは自分の限界を受け入れているということである。

たとえばサラリーマンが家を買うときにも同じである。家を買うのは、誰にとっても人生の重大事である。そういうときにも、安易に考えて、これくらいは大丈夫と思って契約をしてしまう人がいる。そのうえ買う家をよく調べない。

たまたま晴れた日に家を見学すると、雨の日を考えない。たまたま自分が駅まで車を運転して行ったときに道路が渋滞していなければ、道路状況をそう考える。

全て「こうあって欲しい」という願望が先行する。

現実を確認しないで願望が先行して、安易に自分にはできると決めて、売買手続きを始めてしまう。

結果として無理をする。無理をするけど現実には願望は実現できない。

そうなってしまうのは現実とかかわって生きていないからである。神経症者は現実に生きていない。想像の中で生きている。現実とコミットしていない。

そして実際にできないと不満になる。

そうすると「自分ができない」ということの責任転嫁が始まる。

責任転嫁をしたい気持ちになり出したら、「あー、これはそろそろ自分の限界だな」と考えるのが望ましい。

他人の基準で就職を考えなかったか

長いこと防衛的価値観で生きてきて、自分で自分が分からなくなっている。防衛的価値観とは、本当に信じている価値ではなく、自我価値の崩壊を防ぐための価値観である。本当は社会的に成功したいのに、成功できないときに、家族の愛が最も大切、社会的成功なんて意味がないという。

つまり自我価値の崩壊を防ぐために、自分ができないことを「やる価値がない」と言い張る。逆に嫌いなことにしがみついて「これが価値ある」と言い張る。

だから自分の内からやる気が出てくるような適切な目的が持てない。

燃え尽き症候群の人は、そもそも目標の選択に誤りがあった。アイデンティティーの確立がないからである。

「適切な目的かどうかを判断する基準」の一つとして「人から与えられた目的か、どうか」ということがある。燃え尽きる人は外から目標を与えられている。(注14)

なぜ目標の選択を間違ったか。

他人がその人にそれを望んだから。あるいは、その人が人に気に入られるために、人の期待に応えようとしたから。生きる重心が他人に行ってしまっている。

自立していないから、自分の基準がない。つまり心理的課題が未解決だから、そうなってしまう。

人生におけるその時期その時期の心理的課題を解決することが幸せになる能力の向上につながる。それを仕事の能力が幸せにつながると錯覚する。

そのような間違った目標の選択をしたときに、その人がどのような人間環境の中にいたか、どのような社会的枠組みの中にいたかということが重要である。

その間違った選択はその人のそのときの対人関係と深くかかわっている。

間違った目的は、悪い人間関係の副産物である。

ある若者が、高校卒業して就職しようとするときである。いろいろな就職活動のときに、毎日家で言われたことがある。

「母親は、何かあると『あの高校へ行っていればよかったのに』と言った」という。

彼は少しでも名の通った会社に行かなければ、同じことを一生言われると思った。

何よりもこうした支配的な親といると、世界は敵と感じはじめる。

今生きることが辛い人は、自分はかつてどのような人と気があったか、昔どのような人と意気投合したか、どのような人と人をけなしているときに話が盛り上がったか等を、考えることである。

盛り上がった人達は皆、心に葛藤のある人ばかりではなかったか。

人生を間違っているときには、間違った人と深く接している。質の悪い人を、間違って「良い友だち」と思っている。

それは仕事が原因ではない

適切な目的が持てないのは、自分の劣等感の症状の場合が多いのに、中には仕事の性質が原因と思っている人がいる。

大切なのは生きるのが辛いことを仕事に責任転嫁しないことである。

自分のポテンシャルが低いことが原因かもしれない。

自分自身の生産性が低いことが、自分の不幸の原因かもしれない。

フロムは、幸せはよく悲しみや苦しみの反対だと思われるがそうではないという。肉体的、心理的に苦しむことは人間的経験の一部である。悲しみや苦しみは避けることができ

ないという。(注15)

神経症者は自分自身のエネルギーを持っていないとカレン・ホルナイは言う。(注16)

自分を幸せにするエネルギーを持っていない。人が自分に期待することをするときにしかエネルギーはない。人に気に入られることをするときにしかエネルギーはない。

人が自分でない自分になることを期待したときに、断れない。服従することになれてしまっている。服従することに依存的喜びを感じている。

劣等感で仕事の選択を間違える、会社の選択を間違える人は多い。

心の拠り所がなければ、社会的に立派な仕事が心の支えになってしまう。その結果、仕事への要求も大きくなる。

心が帰る家がなければ職場への要求も大きくなる。仕事で皆に尊敬されようとすれば、目的を間違える。人生を間違える。

人生が上手くいっていないことを「仕事が適していない」と解釈する。

自分の老後の不安に直面できないで、「息子夫婦が不和で、心配」という高齢者夫婦と同じである。「息子夫婦が不和なのでどうしたらよいか」ということに気を向けることで、自分の本当の不安をブロックする。

「仕事が適していない」と言うのも、それと同じ場合がある。「仕事が適していない」というのは今までの生き方の結果なのに、それを原因にしてしまう。

人は自我価値の崩壊から自分を守るために、本当の現実から目を背ける。

ある女性は、本当に憎しみを抱いているのは夫なのに、隣人に攻撃性を向ける。あるいは子どもの担任の先生に攻撃性を向ける。夫を憎むことは自分の存在にとって危険である。そこで憎むことが危険でない人に攻撃性を向ける。

その攻撃性の置き換えと同じことを、仕事でもやる。

「人生から退却しようとしている本性をあらわす性格特徴」をベラン・ウルフは「居候根性（パラサイティズム）と呼んでいる。本当に仕事が向いていないのか、「居候根性」なのか、その判断を間違えると、何度会社を替えても同じ不満が出てくる。

もちろん、逆の例もある。子どもは親の言うことをよく聞くいわゆる「いい子」だった。そして青年になった。

子どもは頑張ったが、親の希望の職業に就けないで、親も子どもも失望した。絶望した。世間体だけで生きている家族だから、皆は自殺を考えた。親は子どもを責めた。

しかしその希望の職業は、その人には向いていない職業だった。絶望して、仕方なくその職業についた。

しかしその職業は、もともとその人には向いていた。そこから長い人生の物語の末に、その人は幸せになった。

その幸せになった高齢者が「若い、あのときに、もし希望の職業に就いていていたらと思うと、怖くてふるえる」と言った。

この人は、若い頃親に服従して生きていて、自分自身に失望していた。親も自分に失望して、子どもの成功で世間を見返そうと願っていた。

今書いた例のように、たまたま神さまが救ってくれる人もいるが、多くの場合には失意の人生を送る。

失望（discouragement）はあらゆる不幸な人生の共通分母である。(注17)

自分自身に対する失望を仕事で取り返そうとすると、不幸は積み重なる。不幸は山盛りになる。間違いなく燃え尽きる人になる。

まず仕事を探す前に、自分自身への失望の真の原因を探すことである。

生まれてからの様々な否定的メッセージを受けているに違いない。その自分に対する否定的メッセージに気がつくことである。

その自分に対する不当な否定的メッセージに直面し、それを乗り越えることが先決である。

たとえば、自分が仕事を決めるときに、周りにどういう人がいたか。人間嫌いの人がいなかったか。その人の人間嫌いは深刻な劣等感の表れだったのだろう。

そういう人に影響されて、自分は間違った仕事の選択をしていないか。

どういう人の意見に影響されて自分の人生のコースを決めたか。

不当な否定的自己メッセージを乗り越えないで就職活動をするから、内定が決まらないと落ち込むのである。あるいは入社後の仕事の行き詰まりで転職を考えるのである。

内定が決まらないこと、会社で仕事が上手くいかないこと等が落ち込む原因ではなく、元々自分に対して失望していたのである。

入社試験に不合格になったことが落ち込みの原因ではなく、無意識にある自分への失望が落ち込みの真の原因である。

だから同じ入社試験に落ちても落ち込まない人がいるのである。

失敗がさらに「やるぞ」というエネルギーに火をつける場合もあれば、同じ失敗が人のやる気を奪う場合もある。

自分は「今、なぜこの職業に就こうとしているのか」を知らなければ、就職に成功しても失敗しても幸せにはなれない。

自分は心の傷を癒すためにこの職業に就こうとしているのか、あの人よりも認められたいからこの職業に就こうとしているのか、棄てられた昔の恋人を見返したいからこの職業に就こうとしているのか、親に認められたいからこの職業に就こうとしているのか、あるいは無気力でどうでもよくてこの職業に就こうとしているのか、あるいは他に就ける職業がなく、それ以上探す気がなくてこの職業に就こうとしているのか。

もしそうなら、就職に成功しても失敗しても幸せにはなれない。自分への失望に気がつき、視野を広げることができない限り、幸せになることはできない。

自分に自分を失望させたのは誰か？

人は「失望した人間」として生まれてくるのではない。誰かに否定的メッセージを与えられて自分に失望したのである。

スーパーマンを目指す人は燃え尽きるという。スーパーマン願望は自己無価値感を表している。

なぜスーパーマンでなければ自分は価値がないと思ったのか。

スーパーマンを目指す人は、傷ついているのに、傷ついていると認めない。自分の弱さを隠すために、「私は傷ついていない」と言い張る。

自分が自分に失望していることをどうしても認めない。実はスーパーマンは傷つきやすい人である。間違いなく自分に失望している。スーパーマンを目指す人は、スーパーマンになることで深く傷ついた心を癒そうとしているのである。

本当は臆病なのに、本当は小心なのに、大物の「ふり」をしたい。なぜなら自分に自信がないから。

本当は自信がないから、それを打ち消すためのスーパーマン願望である。自信がないから自我が不安定である。自我の安定化を図るためにはスーパーマンになるしかない。

そこで大物の「ふり」、有能な「ふり」をしないではいられない。

肉体的に言えばよく分かる。「実際の自分」は病気なのに病気だと思っていないような「ふり」をする。そうすれば病気はどんどん悪くなる。

人間はスーパーマンではない。長所もあれば短所もある。このようなスーパーマン願望の人は自分に失望しながらも、どこかで甘えているのである。なんとかなるだろうと思っている。本当のことを認めない限りなんともならない。

マイナスの感情は自己認識の機会なのに、自分が味わっているマイナスの感情を認めない。

マイナスの感情を無意識に抑え込む。こうした抑圧的対処者は自分を知るチャンスを逃してしまう。

傷ついた心を癒すものと、本当に欲しいものとは違う。

人の言葉で、それが本当はあたっているから傷つくことがある。それで相手について最低の評価をする。しかし傷ついた言葉こそ自分を知るチャンスなのである。

ネットの著作のレビューで1をつける人が、5をつけられるようになれば、生きがいはでる。

防衛的価値観の結果、真の喜びがない人生になる。

自分は何が本当に欲しいかも分からない。何がしたいかも分からない。

本当は欲しいものだけど、手に入らないので「あんなものくだらない」と言っていると、自分は本当に何が欲しいか分からなくなる。

「『私は……したい』という言葉は、内に魔法を秘めています。(注18)」

劣等感はここに表れる

就職する前に、あるいは仕事で行き詰まったときに、事態を正しく把握するために、自分の心を知っておくことは大切である。

自分は深刻な劣等感を持っているのか、それとも普通の人なのかを知っておくことは、適切な目的を持つためには大切である。


では劣等感の症状は、単純に言ってどういうものか？

劣等感の第一の表れ、それは身体的に表れる。頭痛、動悸、不能、早漏、不感症、おねしょ、老人の不眠症、「厚かましさ」、心配症、「体の具合が悪い」等々。(注19)

悩んでいる人と接していて痛切に感じることは、「体の調子が悪い」という言葉である。

また「厚かましさ」は意外かもしれないが、少数であるが悩んでいる人は時に驚くほど厚かましいことがある。

「悔しい」という気持ちが強いのだろう。面と向かって人の嫌がることを平気で言う。自分が注目されたいのに、注目されない。その不満が大きい。その不満から人に攻撃的になる。人と面と向かって「あなたは注目されない人です」と言う。自分の不満を相手に投影する。

劣等感の第二の表れ、「うまく偽装した、あるいは誇張した人間嫌いのかたちで表れる。(注20)」

劣等感の症状は人間嫌いであるとウルフは言うが、その通りである。それは劣等感の深刻な人は、周囲の世界が敵なのだから。

劣等感の深刻な人にとって、周囲の人は自分の価値を脅かす人達である。周囲の人を嫌いなのは当たり前のことである。

それらのことを考えると劣等感の深刻な人が人間嫌いというのはよく理解できる。深刻な劣等感のある人は、やさしい気持ちを体験してきていない。そして心の底のそのまた底ではやさしさを求めている。

やさしい人に囲まれて生きてこないから気持ちの上では、周囲の人が敵である。表面的には人を嫌いながらも、無意識の領域ではやさしさを求めている。

もう一度言う。人間嫌いな人は、心の底のそのまた底では「人のやさしさ」を求めている。

それではさらに人間嫌いの結果はどうなるか。

それは何よりも自己執着である。それは人に対して思いやりがないことである。人に関心がないことである。やさしくない。

人に何かをしてもらっても、それをすぐに忘れる。人間嫌いなのだから、なにかをしてもらっても心が動かない。

人は好きな人に何かをしてもらえば覚えている。ちょっとした親切でも「ありがとう」と思う。

しかし嫌いな人に親切にされてもそれほど覚えてはいない。そもそも親切をされてうれしいという感情がないのだから。

社会的感情を欠如していると人生の問題を解決できないとアドラーは言うが、その通りである。つまり、よい人間関係が形成できない。

会社が嫌だというときに、会社の仕事が嫌だと思っている人がいる。しかし会社の人間関係が嫌な場合も多い。

それは別に仕事が嫌だというのではないが、会社に行きたくない。

人間嫌いということは仲間意識が持てないということであろう。人間嫌いな人は、心の底のそのまた底で求めていることと、現実の行動が反対になってしまう。

本当は心の底では仲間になりたいのに、逆に人に嫌がられることをする。

アドラーが言うように、仲間意識を持つことなしに、素晴らしい人間が成長することはない。(注21)

どこの学校に行っても仲間意識が持てない、どこの会社に行っても仲間意識が持てない、どこのクラブに行っても仲間意識が持てない、そうなったら、いい学校や、いい会社を探すよりも、まず「私は何で深刻な劣等感を持つようになってしまったのか?」という原因を探すことである。

そうしたら「ああ、小さい頃のあの人との関係だ」と気がつくかもしれない。

「私はあの人に侮辱されていたのだ、そしてその侮辱を自分が受け入れていたのだ」とか「ああ、あの人を親友と思っていたが違う、あの人にいじめられていたのだ」とか、いろいろと思い当たることが出てくるはずである。それらは、初めは「まさか」と思うことである。

しかしその一見意外なことが、よく考えてみると「ああ、そうだったんだ」と気がつくことがある。「あの人達は、皆やさしくなかった、でも自分はあの人たちを尊敬して怖れていた」と気がつく。

今までが不健康な人間関係でなければ、何で自分は今そんなに生きるのが辛いのか?

そして自分の方も相手に対する関心がなかった。関心があれば「この人達はダメだ」と気がついていたはずである。

自分が自己疎外されていたから、気がつかなかったのだと自分の自己疎外にも気がつく。

原因は自分の心の中にあるのに、外側に原因を求めていてはいつになっても救われない。

劣等感の第三の表れは、「労働は嫌なものだと信じ込んでしまっている人々」(注22)である。それは、深刻な劣等感のある人は、自己実現の喜びを体験しないで生きてきているからである。常に仕事で人に優越することばかり考えているから、仕事の面白さを体験していない。

また仲間と一緒に仕事をする喜びを体験していない。

「いつも職を変えている人々は、心理学的に解釈すれば、まったく働こうとしていない人々なのである。(注23)」

劣等感の第四の表れ、性に表れるという。フェティシズム等である。

劣等感とは「関係」である。その人といると劣等感を感じない、しかし別の人といると劣等感を感じる。

生きるのが辛い人は、まず一緒にいて劣等感を感じない人を探すことである。仕事を探すのも大切だが、そういう人を探すのは命にかかわると思ってよい。

最も避けなければならないのは、「人を批判することで、劣等感を癒そうとする人々」である。そういう人と一緒になると、呪うことで自分の人生を終わることになる。

たとえ親であろうが何であろうが、そういう人は避けなければならない。

自分の能力の8割でできることをする

仕事の夢はどんなに大きくてもいい。しかし現実の努力は地に足のついたものでなければならない。地に足のついた努力ができるものが、その人にとって適切な目的である。

夢は大きくても努力目標は自分の能力の八割程度を目標にするほうが成果は大きい。

家を買うサラリーマンがいる。自分の給料を考えて無理でも買う人がいる。給料はそのうち上がるだろうと考える。

しかし実際に買って見ると思わぬ出費がかさむ。必要な工事が一箇所出ても日常生活からは気の遠くなるほどの額の出費になる。給料は予想したように上がっていかない。逆に時代によっては給料は下がる。

そうなるとどうなるか、日常生活そのものが脅かされてくる。お金のことで頭がいっぱいで夜も眠れなくなる。次の支払ができなくなっている。

そうなれば、「どうしようか、どうしようか」と悩むだけである。人と話をしていても上の空になってしまう。

そうなると、ほんの少しの支払でもものすごい支払に思える。順調にいっているときならそのくらいの食事を部下にご馳走するのはなにも気にしないのに、そうなると気になる。少しのお金でももったいなくなってくる。できたらご馳走しないですめばと思いだす。ご馳走になるのを当たり前に思っている部下が何か憎らしくなることさえある。順調にいっているときなら喜んでご馳走になる部下をかわいくさえ思うのに、気持ちが変わる。同じことをしていても憎らしくなる。

ストレスで体は消耗するばかりであるが、不思議に夜は眠れない。会社などのつきあいでのほんの少しの出費でも奥さんに隠すようになる。夫婦関係もギクシャクしてくる。自分の能力の百％で何かをすると不要な悩みが出てくる。実際の自分の能力以下のことしかできない。

しかし、もしこれを自分の給料の八割程度でできることをしていたらどうか。給料から考えられる八割程度の家を買っていたらどうなるか。買ったあとで工事が出てもそれはそれで困ったことではあるが、最後には解決できるから夜も眠れないということはない。

給料が期待したように上がっていかなくても、「まーなんとか食べていけるだろう」と思えば、寝てしまう。「なるようになれ」と腹をくくれる。

それなのに見栄から、自分の能力を超えるすごい家を買ってしまったらこれは身の破滅である。家ばかりでない。見栄から、分不相応な車を買ってしまう人がいる。

実際こうして身の破滅に至っている人は今の日本に多いのである。

破滅した人も、もし自分の能力の八割程度でできることをしていたら頑張って切り抜けられたのである。切り抜けることで自信もできたのである。

自分の能力の百%を出して、初めてできることをし始めてしまうと、何か一つ予期しないことが起きると、それが雪ダルマ式に大きな問題になっていってしまう。

実際にそれをするとかしないとかいうよりも、心配とかストレスとかいう非生産的なことで消耗するようになるのである。

たとえば今の家の例でいくと、もしその月の生活費として、つい消費者金融に手を出してその月を乗り切ったらどうなるか。

これはすぐに引き返さないと、もう破滅への道を歩き始めたことになるであろう。

これは何も家を買うときのことを言いたいわけではない。自分の人生に対する態度である。自分の能力では無理なことを虚栄心からすると、破滅に至るということを言いたいのである。

自我同一性の形成に失敗して、認めてもらいたいという気持ちから何かをすると、苦労して苦しんでそれで結果は破壊的なことになる。

現実的な夢や願望を持つ

ある高齢な人の手記である。

「『さあ、やるぞ』と言いながら、人生という解の分からぬこのへんで、このところで、俺は昨日も今日も生きている。生きているからには毎日何かやっている」

つまりこの高齢者は適切な目的を持っていないということである。

逆に言えば不幸を受け入れられない人である。

この人にとって「さあ、やるぞ」が自分のできることを「やる」ことではない。

この人は、今自分のできることをすることで満足できない。自分のできることをすることに生きがいを感じられない。

しようとすることは、つねに非現実的なほど高い願望である。質量ともに自分には適していない。つまり神経症的傾向の強い渇望や願望である。

だから「さあ、やるぞ」という意欲が現実には空回りする。

「神経症か心理的健康か」は、その人が現実的な意志があるかないかである。

「日本を救う会を立ち上げる」などと言う若者がいる。それが典型的な神経症である。つまり目的が非現実的であり、具体的現実的意志ではない。

単なる願望である。非現実的な夢では、生きがいは生まれてこない。現実がないからである。こういう人には意志や願望に実体がない。

本気でそれをやる意志はない。皆が騒いでいることで満足する。皆が注目してくれれば、それが一番いい。要するにかっこうをつけていただけ。

こういう人は、本当にそのことへの準備が始まってしまっては困る。話題になっていることが大切であって、現実とかかわってくれば困る。現実の困難と戦う意志は初めからない。

さらにその願望が要求に変わったのが神経症的要求である。

神経症は想像の世界に住んでいる。そして現実と接していないから、良い仲間がいない。

この高齢者は「やっていることに興味があるのかね?」と自分に問いかける。

「さあ、やるぞ」という意欲があっても自己執着が強いから周囲の世界に興味と関心がない。

「さあ、やるぞ」が現実と結びつかない。実際の自分の人間関係の中での「さあ、やるぞ」ではない。

「俺は今でもいい、遅くはない『何が一番面白い』って、本気で考えよう」とする。

しかし何が一番面白いかが分からない。

それは自分の心が抱えている問題を考えないからである。自分のパーソナリティーを考えないからである。自分が過去にどう行動したかを考えないからである。つまり過去に自分に嘘をつき続けて生きてきたからである。

自分の無意識にあるものを意識化しようとしないからである。現実から逃げ続けた過去と向き合わないからである。

つまり自分の神経症的傾向の強さに思い至らないからである。

神経症的傾向の強い渇望や願望を抱えていれば、現実には自分は何をしていいか分からない。

無意識の領域にすごい憎しみを抱えていたら、どんなに「さあ、やるぞ」と思っても、現実にやることは見つからない。「頑張るぞ、頑張るぞ」と叫んでも、空回りする。

なぜならその人が本当にやりたいことは、今まで自分が関係した人達に復讐することだからである。その人達にもっと認めてもらいたい。

それが、この人の「神経症的傾向の強い渇望や願望」である。

その人の本当の目的は、成功して周囲の人を見返したい。だから現実の生きる目的が見つからないのである。

ところが周囲の人を見返すだけの力はその人にはない。そこで道を見失って迷っている。つまり「俺は今でもいい、遅くはない『何が一番面白い』って、本気で考えよう」は心理的な迷子である。

「何が一番面白いか」を探すのではなく、自分はどういう人間かを探すことが先である。今の自分のパーソナリティーを変えることを考えないで、「何が一番面白いか」を探しても見つかるはずがない。

それは一番面白いのは見返すことだからである。

本当に面白いことはその人の無意識にある。そこで意識の世界でどんなに「何が一番面白いか」と探しても見つからない。そもそもこの人にとって「面白い」ことはない。この人は、そのことに気がついていない。

自分の今のパーソナリティーでは、この世の中に「面白い」ことはない。

青年期の課題の一つは興味の覚醒であるが、その障害になっているものがある。それは無意識にある蓄積された憎しみである。

この人は高齢になっているが、心理的に青年期の課題を解決できていない。

適切な目的を持っているということは比較的に不安がないということである。

心に憎しみがあれば、信じる人はなかなかできない。信じられる人がいなければ、人生の諸問題は乗り越えられない。

この人の課題は、自らの無意識を見つめて、自分の憎しみに気がつくことである。自分のナルシシズムに気がつくことである。自分のパーソナリティーに気がつくことである。

その次にその憎しみを自我に統合することである。

自分の人生は憎しみの人生だった、自分の人生はごまかしだったと認め、それを「これこそが自分の固有の人生である」として受け入れる。

あるいは自分は「こんな憎しみを持った人と接して生きてきたのだな」と自分の過去の人間関係を認め、その結果としての今の自分を受け入れることである。

変えることのできない現実を心の中でいかに乗り越えるかである。過去の生き方の結果としての今の自分を受け入れる。

この困難は、自分が目的を達成するためには乗り越えなければならないと思えば、つまり困難をそのように認識すれば、耐えられる。

「さあ、やるぞ」と思って頑張っても、現実にやることは見つからない自分を受け入れる。

その人は、そういう自分になるように今まで生きてきたのである。

人は、昨日今日悩みだしたのではない。長い間の無意識の働きの結果悩みだしたのである(注24)。

「さー、今、大統領になりたい」と言っても無理である。

何かあるとすぐに「できません」と言う人は人生を積み上げることをしない。

積み上げていかなければ何事も「できない」。いきなり「さあ、やるぞ」と頑張ろうとしても何事も「できない」。

いきなり適切な目的ができるわけではない。毎日の積み重ねの上に適切な目的を持てるようになる。

その時その時の心理的課題を解決しないで生きてきたから、「俺は今でもいい、遅くはない『何が一番面白い』って、本気で考えよう」と言うが、見つからない。

この人にとって一番面白いのは世間を見返すことである。「面白いことが見つからない」のは、その人が情緒的未成熟だからである。

その人にとって本当にしたいことを見つける鍵はその人の無意識にある。意識の世界でどんなに「何が一番面白いか？」と探しても見つからない。

この人はまず、自分が生きがいを感じられるようなパーソナリティーに成長することが先決である。

この人の課題は、無意識を見つめて、憎しみに気がつき、その憎しみをいかに乗り越えるかである。

興味の覚醒がないままのパーソナリティーで、「何が一番面白いか？」と探しても見つからない。元々「ないもの」を見つけようとしているのだから。ナルシシストのままで「何が一番面白いか？」と探しても見つからない。

この人が「自分は何が一番面白いか？」と探しているのは、魚のいない池で魚釣りをしているようなものである。

マイナス感情が起きているときは自分を知るチャンス

この高齢者とは違っているが、ある中年の人である。

惨めさを散々味わって、酒の飲みすぎなどの果てに転勤が続いた。この数年、人生の生きる喜びはまったくなく、ただひたすら惰性の、その日暮らし。これではいけないと一年前から昼休みにジョギング。だまし、だましの生活をしている。酒で憂さを晴らす。一時しのぎをしていても、身が壊れるだけ。

この人はやる気はある。「これではいけない、なんとかしなければ」と頑張っている。

だから「昼休みにジョギング」したり、本を読んだりしている。

でも残念ながら「一時しのぎ」である。その場の行動で気晴らしをしようとしている。

この人は、仕事をしていないと不安だけれども、仕事をするのもいや。

ある人は越前岬で死のうとした。でも死ねない。しかし今からもう一度やり直すエネルギーがない。

そうなったときには目先を変えるのも悪くはないが、基本的に過去の自分の生き方、今までの人間関係を反省することである。


先の高齢者もこの人も、まず過去の集積としての自分を認めることである。

彼らは無意識の憎しみに囚われて、今起きている現実に関心が行かない。

「今起きていることに対する窓を閉めれば、興味は持てない。[注25]」

「今起きていること」は、外側の世界ばかりではない。それは今自分の心の底で起きていることでもある。

自分の心の底で起きているマイナスの感情は自分を知る機会なのに、窓を閉めてしまう。

不愉快なときに「なぜ不愉快なのだろう」と考えない。

窓を開ければ朝陽が入ってくる。

「神はすでに働くために必要な能力と力を与えてくれているのに、どうして、神の助けを求めて、ただ手をこまねいていられるのだろうか？」とアメリカの作家マーデンが書いている。

まず過去を見つめ直すことである。それは「したこと」を反省するのではない。自分はどういう社会的枠組の中で「それ」をしたかを考えることである。

私たちは何を体験しても、無人島で体験しているのではない。私たちの体験に意味を与えているのは、そのときの人間関係である。

自分はどういう人間関係の中で生きてきたかを考えることである。

失敗したか成功したかは本質的なことではない。自分はどういう人間関係の中で失敗したか成功したかが本質的なことである。

そしてじっくりと時間をかけて適切な目的に至る道を探すことである。

ある人は、高校受験に失敗したときに、「ダメねー」と何度も言われた。それ以後見捨てられる恐怖感を持つようになった。

「自分はそういう人間関係の中で生きてきたのだ」と考えることで適切な目的が見つけられてくる。

心理2　ゆがんだ価値観

仕事の成果で人生の問題が解決するという錯覚

ある有名大学の名門学部である。ある学生が友達の鞄から財布を盗んだ。そして見つかり、つかまった。そのような様々な学生のトラブルを担当する学生担当という役職の教授のところに連れて行かれた。

その学生はまず教授になんと言ったか。

「僕、成績良いんです」

成績さえ良ければ人生の問題は全て解決する、彼はそう信じていた。全ては許されると信じていた。彼にとって、良い成績は魔法の杖である。

大学生の年齢になれば、公私ともにいろいろなトラブルがあるだろう。家でのトラブルも、学校でのトラブルも、人間関係のトラブルもいろいろとある。

それらの日常・非日常の生活の全てを一挙に解決してくれるもの、それをカレン・ホルナイは包括的神経症的解決という言葉を使って表現している。(注26)

この学生にとって「良い成績」は包括的神経症的解決である。

生きていれば日々いろいろな嫌なことがある。それを一気に解決してくれるものが欲しい。誰でも「魔法の杖」が欲しい。

いつも悩んでいる人は、皆悩みを解決する魔法の杖を求めている。

先の学生は良い成績が包括的神経症的解決であるが、社会人になると、その包括的神経症的解決が仕事になる人が出てくる。

今自分が望む仕事に就けば、今の自分の様々な問題は解決すると錯覚する。

これもまた、ある有名大学の名門学部の四年生である。成績は優秀である。学生は勉強ばかりではいけないとボランティア活動もしている。

非の打ち所がないようであるが、就職が望んだようにいかない。そしてなんと、あるビルの上から飛び降りた。

彼にとって良い就職が包括的神経症的解決だったのであろう。その魔法の杖が手に入らないと分かって悲劇が起きた。

エリートの自殺は、おそらくほとんどの場合、社会的地位が包括的神経症的解決だったのであろう。その解決が不可能になった。そして悲劇が起きた。

本当の包括的解決は、日常生活をきちんとして人とコミュニケーションすることなのである。ところが悲劇の人たちは、社会的に評価の高い仕事をすれば一気に人生の問題は解決できると錯覚した。

包括的神経症的解決としての仕事を求めるときに、仕事は適切な目的とは無縁となる。それが社会的地位の高い人で、私的生活が破綻している人である。

自己栄光化のために強迫的に名声を求める人がいる。

強迫的名声追求の要件はカレン・ホルナイの言う通り、現実無視で、見境がなく、満たされることがない。

自己栄光化へ駆り立てるエネルギーは、他人の上に自分を置くことで他人を打ち負かし、他人を卑しめる必要性から生じるものである。

神経症的自己栄光化の特徴は行動特性ではなく、性格特性である。

心理的に健康なスポーツの選手が栄光を目指して頑張るのと、神経症者が栄光を目指して頑張ることとの違いは、努力そのものにあるのではなく、努力の動機にある。

両者の違いは行動特性の違いではなく、性格特性の違いである。

行動ではなく動機を見よう

好奇心というと何かいいことのように思える。事実いいことである。それが未知への興味と関心であれば。

ただ、なぜ好奇心を持つかという動機は違う。次の二つは全く違う。

現実から逃げたい人の好奇心。

現実と向き合っている人の好奇心。

ドラッグなどに手を出すのは好奇心であるが、それだけではない。好奇心の裏にあるのは不満からの逃避である。それを純粋な好奇心と思うからおかしくなる。

好奇心もエネルギーの源ともなれば、破滅の源ともなる。好奇心に不満が加われば、破滅の源である。

お酒は百薬の長ともなれば、悪魔の水ともなる。楽しく飲めば百薬の長となり、現実から逃げて飲めば悪魔の水となる。

行動特性と性格特性は違う。

人は勉強しているという行動特性しか見ない。しかし勉強の動機は、自分が自分の自我の確認ができないということも多い。

麻薬に手を出してしまう「いい子」は疑似成長している。彼らはマズローの言うように危険な土台の上に立っている。

そして神経症者が自己栄光化にエネルギーを注ぐときには、日常生活が疎かにされる。日常生活はあくまでも現実である。

包括的神経症的解決は日常生活の一つ一つの具体的な嫌なことを一挙に解決してくれる方法である。

しかし料理も部屋の掃除も人とのつきあいも現実である。

カレン・ホルナイによれば強迫的栄光追求には次の三つの要素がある。完全主義の必要性、神経症的野心であり、復讐的勝利の必要性。[注27] その強迫的栄光追求にはelementの二つの特徴がある。それは強迫性と想像性である。

これらについてはこの本でより詳しく述べていく。

名誉欲に隠された復讐心

そういう人は一つ一つの問題をきちんと解決する能力も時間もエネルギーもない。もう心は疲れている。そこで全てを一気に解決できる魔法の杖が欲しい。それが名声追求である。名声が包括的神経症的解決である。

そうなれば名声追求は「しなければならない」という強迫性を帯びてくるのは当たり前である。

復讐心は名声追求の隠れた要素である。(注28)

強迫的に名声追求をしている人は、心の底の気がつかないところに復讐心がある。

強迫的名声追求をする人は、小さい頃からやさしさのない世界で生きてきたのである。

この無意識の領域にある復讐心に気がつけば、人生は破滅から成長へと舵が切れる。周りに質の良い人が集まる。つまりやさしい人が集まる。良い人間関係ができる。

今までの質の悪い人との関係が薄くなり、最後には冷たい人との関係が切れていく。

そして人とのコミュニケーションができるようになれば、「僕、成績良いんです」というような魔法の杖を求めなくなる。

今まで重要だと思っていた人間関係が全く意味がないものと感じ始める。復讐的勝利を目指して頑張っていた人の心の底のそのまた底にあるのは、やさしさを求める気持ちである。

彼らはそれに気がつかないで、勝つことばかりを考えてきた。だから頑張っても、なぜか人生が上手くいかないのである。

心理的に健康な人は自分の位置が分かっているから、エベレストに登頂しようと思わない。自分の体力にあって適切な登山をしようとする。

マズローは心理的健康な人の特徴として「すぐれた現実認知」を第一にあげている。(注29)

現実否認ではなく現実認知である。

「すぐれた現実認知」に基づく行動か、それとも「現実否認」に基づく行動かはかなり決定的である。

心理的健康な人は、「あの人はずるい人だな、あの人はやさしい人だな」、「この世界は冷たい人の集まりだな、この世界は誠実な人の集まりだな」と、正しい現実認知ができる。

正しい現実認知に基づく努力は実を結ぶ。

現実否認に基づく努力は実を結ばない。それは心の葛藤を解決するための現実認知だからである。現実を見ていない。

現実に関心がないから努力は実を結ばない。最後に来るのが無気力。

悩みは生ものである、ほっておくと部屋中が臭くなる。今、生きるのが辛いような事態はほっておくと深刻化する。

ある大学生は就職活動をしていない。リクルートスーツの学生を見ると焦りを感じる。それなのに就職課に行かない。「相談するのが苦手だから」と言う。「企業の面接を考えると、何を話せばいいのか分からない」と言う。

就職課に行けば、いろいろと困ったことを教えてくれる。「相談するのが苦手だから」というのは、就職課についての正しい認識ではない。

正しい現実認知がない人は、困っていないのに、自分が一人で勝手に困ったことにしている。自分に夢があるのに、夢を実現することにエネルギーを使わないでダイエットばかりしている人がいる。

こういう人を愚かと思うが、ほとんど同じようなことをしている人がたくさんいる。

自己中心的な欲求は要求に変化し、その要求は心の葛藤を解決するために正当に思えてくる。

心の葛藤を解決するために、その欲求が要求になる。しかしその要求は通らない。そこでさらにその要求が通るために、それは正当化される。

正当なのに通らないから「けしからん」という怒りになる。

自分の適職を間違えてしまう心理

その人の適性に反する職業を目指して、就職浪人をする人もいる。

それは親からの隠れたるメッセージに支配されていることがある。そして皆から尊敬されたい。

冷たい人からの尊敬は社会的成功で得られたとしても、やさしい人からの尊敬は社会的成功では得られない。

歪んだ価値観から就職を間違える人は多い。歪んだ価値観からの解放は神経症的傾向の強い親からの自立である。これがまさに本当の成功である。つまり人に幸せをもたらす成功である。

この人なくしてヒトラーの成功はないという人物がいる。その一人がヒムラーである。

警察庁長官になった。独裁国家の警察のトップである。そこまで権力を握った。

彼は「権威あるものなら誰でも好きになる用意のある人物」である。

そして最後には自殺した。

彼はなぜそこまでヒトラーに囚われたか。

それは自分が本当に好きな人がいなかったからである。自分が本当に好きなことがなかったからである。


それは「権威ある仕事なら何でも好きになる用意のある人物」と言い換えられる。

いわゆる「いい子」は、これである。

疑似自己になって、つまり「本来の自分」を裏切って、皆から尊敬されようとする。権威ある仕事に就こうとする。

「我が内なるヒムラー」に気がついていない人は、ヒムラーと同じ失敗をする。

成功と失敗を軸に動いてしまう。

失敗と充足は両立する。ということは失敗と生きがいは両立する。

ステイタスシーカー（Status seeker）と言われる人がいる。強迫的名声追求の努力をする。

ステイタスシーカーは、自分は有能ではないという感じ方を避けるための努力で頑張る。しかし無意識の領域ではステイタスで幸せになれないと分かっている。

強迫的名声追求はステイタス追求者である。

それは結果として孤独の追求であった。

本人は地位を追求していた。しかしそれは結果として孤独への道でしかない。

ビジネスの世界の成功者についての研究がある。そこで分かったことは、彼らがやはり同僚との信頼と友愛の雰囲気を深く求めていたということである。(注30)

どんなに成功しても心のふれあいがなければ心は満たされない。

神経症的自尊心からステイタスシーカーになる人は適切な目的を持てない。

強迫的名声追求で成功しても達成感はない。自分の意志で成功していないからである。

達成感は価値達成タイプの人ではなく、欲求達成タイプの人が味わうものである。

「やったー、終わったー」という達成感は、自分の適性にそったことをした後で味わうものである。名誉のために頑張った場合には、たとえ仕事で成功しても「やったー、終わったー」という達成感はない。

そして強迫的名声追求の生活では、「今の幸せを大切にしなければ」というような発想は出てこない。そして達成感とか、「今の幸せを大切にしなければ」という感覚は燃え尽き症候群にはない。

「やったー、終わったー」という達成感は適切な目的を持っている人だけが味わうものである。だから適切な目的を持っている人は燃え尽きないのである。

適切な目的、この感覚があれば、燃え尽きることはない。うつ病や、自律神経失調症になることはない。

たとえば好きなことをしていれば、嫉妬はない。つまり劣等感はない。

無気力な人は、人が嫌い。好きな人のためならやる気になる。

適切な目的の敵は、親などを含めて自分にとって重要な他者に認めてもらいたいという気持ちである。

適切な目的の敵は虚栄心とか名誉欲である。自分の中にある潜在的可能性を実現することよりも、そういう人達に認めてもらうことが生きる目標になってしまう。

「認めてもらいたい」は、職業選択から入社後まで続く。

ある出社できなくなったビジネスパーソンである。

「入社後人間関係が大切と言われ、明るくなければと思い、とにかく軽く振る舞っていました。しかしもともと話すことが苦手で、やたら不自然な明るさに気づき、急に人と接するのが恥ずかしくなりました。同僚と話すのが辛くなり、皆が親しくなりかけた頃他人行儀にしないと話せなくなりました」

本当に取り残されたことになった。絶望感、仕事を覚えなければならないのに、仕事に身が入らない。昼休みなど皆といるとだんだん辛くなり、ほとんど孤立。昼休みは一人で車の中で本を読んでいる。朝もなるべく遅く出社して顔を合わせないようにする。同僚と仲良くやろうと取り入り今の状態になった。

彼は学生時代のサークルでも、つきあいが辛くなりサークルをやめた。

彼は本当は「皆とわいわいやりたいし、楽しく過ごしたい」のである。それをできなくさせているのは彼の無意識の領域にある小さい頃の屈辱感であり復讐心である。

彼は他人には毎日嫌なくらい気を使うのに、自分にはちっとも気を使わない。

「憎しみ」を生産的エネルギーに変える

次は先に触れた復讐心である。

見返してやりたいという気持ちが、自己実現を妨げる。自分の内面の可能性を実現するというよりも、とにかく見返すということが生きる目標になってしまう。

今、自分がいかに不幸かに気がついていない。心がふれあう仲間ができるまではなかなか気がつかない。

憎しみのエネルギーを生産的エネルギーに変えられるか変えられないかが、人生の勝者と敗者の分かれ目である。

「自分が幸せになることが最大の復讐である」というように、考えられるようになる。そして新しい世界を発見することで幸せになり、本当の意味での復讐ができる。心の中でその人が自分とは関係のない人になる。

その復讐ができなければ、人生は最後まで不幸である。

新しい世界とは、「へえ、世の中にはこんな人もいるんだ、こういう人がいたんだ」というように感じる世界である。現実にはそういう人は今までもいたのだが、神経症的傾向の強い人は、「そういう人がいる」ということに気がつかなかった。そういう人が見えなかった。

とにかく神経症的傾向の強い人は、恐ろしいほど現実が見えていない。

新しい世界を見つけること、新しい世界を作ることで、視野が広がるし、逆に視野が広がることで新しい世界ができる。今までの世界が小さな閉じられた世界であることが分かってくる。

自分の人生を復讐的勝利という復讐に終わらせたくない、自分の人生を無意味に終わらせたくない、その気持ちで自分に内在する潜在的能力を開発する。潜在的能力を使う喜びを味わうことで、人生の方向が変わってくる。

とにかく適切な目的とか生きがいとは仕事の問題でもあるが、それ以上にパーソナリティーの問題であるということをしっかりと理解することである。

それを認めない限り、どんな仕事についても適切な目的は見いだせない。

愛する能力のない人が、どのような人に出会っても人を愛せないように、生きがいを感じる能力のない人が、どんな仕事についても、その仕事は生きがいのある仕事にはならない。

幸せになれない根本的理由は、自らの生産性の欠如である。(注31)

これはフロムの名言である。要するに幸せになれない人は、ポテンシャルが低い人である。

仕事に生きがいを持てない父親がいる。家では家族が父親のことを第一にしないと父親は不機嫌になる。

これは小学生が朝起きて、自分の登校のことを第一にしない母に怒るのと心理的には同じなのである。

この父親が「仕事で生きがいが欲しい」と言っても無理である。この父親は支配欲が強い。家で支配的になることで満足しようとしている。それが満足しないと「立派な理屈」をつけて家族に文句を言う。

とってつけた「立派な理屈」を口実にして歎いているのは、その人の生き方が非生産的生き方だからである。

自分自身の能力を使おうとしていない。自分のできることをしない。能力はあるのだが、それを使わない。つまりポテンシャルが低い。拗《す》ねている。拗ねることで生きるエネルギーを消耗する。

歎くのも、文句を言うのも、絡むのも、退行欲求であり、現実に対する対処能力の欠如である。

生きがいは想像の世界で生きているときではなく、現実の世界で生きているときに生じてくるものである。

先に書いた極端に病んだ例では、「俺は世界連邦をつくる」と言う高校生である。まったく現実の世界で生きていない。まったく現実の世界とかかわっていない。

こういう人は臆病で小心なくせに野心がある。ただ心の底では自分が臆病で小心であると分かっている。


自分の能力を生産的に使えるか使えないかが、適切な目的を持って生きているか、適切な目的を持って生きていないかの分岐点である。

それはまた神経症者と心理的健康な人の分岐点でもある。適切な目的を持てるか持てないかの分岐点は現実とかかわっているか、現実とかかわっていないかである。

才能があるかより、自分の能力を使えるかどうか

私は『ブレイン・スタイル』という本を訳した。その本ではしきりに人は自分の長所を活用して生きなければならないと主張している。少し長いがそこから引用させてもらう。

「子どもへの環境の影響についての特に珍しい研究で、デービスのカリフォルニア大学のエミー・ワーナーは、32年間にわたり、698人の「ハイリスクの子ども」のグループを研究した。子ども達は、ハワイのカウアイ島の「身体障害に悩まされる、最も不調和で貧

乏な家」で育った。私達の多くの予想通り、両親と環境の強力な影響の中で教育された3人のうち2人は、10歳までに極度の学習的、行動的問題を抱えていた。『しかし驚くことに、3人のうち1人は、有能な、自信に満ちた、心のやさしい若者に育った。』

「調査から分かった顕著なことは、成功したグループで見つけられた何百もの変数の中から、三つの類似性があることだった。

1）状況に関係なく、赤ちゃん達は幸せに生まれた。1歳になる頃には、笑ったり、幸せそうにするポジティブな感情が芽生えていた。

赤ちゃん達は、ハッピーになるように教えられたり、しつけられたりしたわけではなかった。よちよち歩きの小児、そして幼児として、ポジティブな赤ちゃん達は、自分達の環境を管理するようになっていった。

特に才能はなかったが、この子達は、持っている技能を効果的に使った。」

私が言いたいのはこの不遇な環境の中でも幸せになった人達から学ぶことがここに書いてあるということである。

では具体的に何を学んだらよいのだろうか。

まず注目すべきは1）に書いてあるように「特に才能はなかったが、この子達は、持っている技能を効果的に使った」という点である。

才能があるかないかではなく、自分の持っている才能を使うことが幸せになった人々の共通性である。それが幸せにつながる。

だからとにかく自分がもって生まれた才能がなんであれ、それを使うことである。

ただここで注意をしなければならないことがある。自分の才能を効果的に使うというと、すぐに自分にフィットしたものすごいことをすると考える人がいる。実業家になろうかとか画家が自分の天職だろうかとか考える。

そうではない。今日一日をきちんと生きるということが出発点である。

今日一日をきちんと生きられない人はダメ。

今日一日をきちんと生きている内にやがて自分の才能に気がつき、適切な目的を持っている人になれて、効果的才能の使い方も分かってくる。

それは別の言葉で言えば、適切な目的を持つことの大切さである。

神経症的傾向の強い人は非現実的な目的を持って、自分の潜在的能力を開花させることに失敗する。

そして環境を恨むが、挫折した原因は外側の環境よりも、自分の神経症的要求である。

本当になりたい職業が分からないときがある。

また分かっていても、本当になりたい職業は人に言わないことがある。

まわりの友達に、言っても恥ずかしくない職業を話しているだけのことがある。

仕事は「私は一流の皿洗いになろう」でいい。

それなら「どんなふうにお皿を洗っているのかな？」とか、「一流の皿洗いの人はどんな人かな」とか考える。

それが仕事を考えることである。

そういうことが働くという意味である。

そういうように考えるのが神経症者ではなく、現実感覚がある人である。

「好きな仕事は？」言われて、ゴッホの絵のようなことを言わなくてもいい。

ゴッホの絵のようなことを言おうとするのは現実に対する感覚を失っている。


適切な目的の敵は名誉欲。

勉強ができる学生がいる。

しかし人によって動機が違う。

不安から人に認められたいから勉強が熱心。そういう人は勉強すれば勉強するほど不安になる。

自分が自分で頼りない。認められないと自分が確かに感じられない。自己不在である。

それに対して次のような人もいる。勉強が面白いから熱心、自分のために熱心、将来人のために訳に立ちたいから熱心。そういう人は勉強すれば勉強するほどやる気になる。

アメリカの若者でベスト&ブライテストが麻薬依存症になることがある。

ベスト&ブライテストだからよく勉強したにちがいない。勉強ばかりでなくスポーツもした。人にもいい顔をした。しかし勉強すれば勉強するほど生きるのが辛くなったのだろう。それで人からベスト&ブライテストと言われながらも自殺するほど生きるのが苦しかった。

勉強することが問題ではない。「なぜ勉強するか」という動機が問題である。

競争が人生を楽しくする場合もあれば、辛くする場合もある。競争そのものが問題ではない。「なぜ競争するか」という動機が問題である。

神経症的傾向の強い人は、スポーツの選手と違って、競争意識が強い割には「相手を倒す」という現実的意志が欠如している。「勝つぞ」という競争意識ではなく、人よりよく思ってもらいたいという不安の心理である。

したがって名誉を求めながら、その求め方は強迫性、想像性を特徴とする求め方になる。

現実に努力するというよりも頭の中で栄光の座を思い描くことにエネルギーを浪費する。

そんなことをしている間に少しでも現実的な努力をすればいいのだがそれをしない。

ただ「ぼーっと」して頭の中で周囲からの称賛を得ることを思い描いている。

天職を見つけられない「ゆがんだ価値観」

恥ずかしがり屋の人は人生の楽しみを捨てている。良い経験になる可能性を捨てている。(注32)
人生に良い経験がないのではない。あるのだけれども、恥ずかしがり屋の人は、その良い経験をすることがなかなかできない。

それと同じで生きがいのある仕事がないのではない。ただその人がその仕事をする気にならない。しても生きがいを感じない。

同じ仕事を他の人がすると生きがいを感じる。

まず自分が生きがいを感じられるような人間になることが第一である。

適切な目的の敵は歪んだ価値観である。

歪んだ価値観が適切な目的を持つことの障害になる。

自分が商売に向いているのに、アカデミックなことに価値があるという雰囲気の環境で成長した人がいる。逆の人もいる。

自分が著述業に向いているのに、お金を儲けることに価値があるという雰囲気の環境で成長した人がいる。逆の人もいる。

そういう人は適切な目的を持つためには人以上に困難がある、しかし見つけたときの喜びは人より大きい。

誰にも天職はある。ただなかなかその天職を見つけられないのである。

妨害になるのが歪んだ価値観である。歪んだ価値観は成長の過程で身につける。それだけに強力である。

歪んだ価値観の結果としての劣等感、優越感である。

自分のできることをしないで、自分ができないことをしようとして人生を棒に振る人は多い。楽しく充実した人生を送ろうと思えばいくらでも送れるのに、自分に適していないことに執着して悲劇の人生を送る。

原因は自分を知らないことである。

「自分にできること、あるいはできると思うことを始めなさい」というようなことがよく言われる。それは神経症的傾向の強い人は、できることをしないで、できないことをしようとするからである。

ではなぜできることをしようとしないのか？　それは歪んだ価値観があるからである。

まず適切な目的と歪んだ価値観を考える前に、適性と歪んだ価値観を考えてみる。

ある人が「私は対人恐怖症です」という手紙をくれた。

外面のいい父親だという。しかしその外面のいい父親に兄はよく殴られていた。彼はそれを見て父親の言うことに逆らうのが怖かった。

そして彼は父親の好きな野球を、無理矢理やらされた。嫌いではなく、「僕は野球が好き」と言って野球をした。

外でも皆に「好きで野球をしている」と言った。

野球の練習を休もうとすると母親は「あんたが野球を好きと言ったのでしょう」と責められた。

中学校で野球をやめようとしたが「野球をやったと言えるのは、高校まで野球をした人だ」と言われてしまった。

休日、親は野球の練習を見に来た。応援に来た。そして自分では上手くできたと思っても「あのくらいで喜んでいるようではダメ」と言われる。

彼は子どもの頃から自分の感情を殺して、ピエロで生きてきた。そして自分がどんな人間だか分からなくなった。

喜怒哀楽がなく、「今は無気力です」と言う。

周囲の人は「あんないい親なのに」と言う。

兄は「お前は一番やりたいことをやって、親も協力して、甘えるのもいい加減にしろ」と叱る。

歪んだ価値観は別の言葉で言うと歪んだ現実認識でもある。

自己実現とはマズローに従えば、優れた現実認識の他には増大する自己受容(注33)であり、他者受容である。

生きがいとは自己実現の心理状態である。

適切な目的は、人生その時期その時期の心理的課題の解決の結果として見えてくる。

優れた現実認識もなく、自己受容もなく、それで仕事に適切な目的が欲しいということは、お金を持たないでデパートに行って、これを買いたい、あれを買いたいと言うようなものである。

神経症的傾向の強い人は、自分の心の葛藤が解決するように現実を解釈する。

もっと単純に言えば、自分の気が済むように現実を解釈する。歪んで現実を解釈する。

自分の神経症的自尊心を傷つけるような人がいれば、「あいつはバカだ」と言っていればいい。

逆もある。自分の神経症的自尊心を満たすことを言ってくれれば「あいつはかなりのやつだ」と言う。

その人を見て評価しているのではなく、その人が自分の神経症的自尊心を傷つけないような人であるとみなして、そう主張する。

「あのブドウは酸っぱい」と言っているのが、歪んだ現実認識である。優れた現実認識とは「あのブドウは甘い」と認識することである。

歪んだ現実認識とは、自分の神経症的自尊心が傷つかないように現実を解釈することである。

仕事の不満がなくならないのは「誇大な自己像」が原因!?

歪んだ価値観以外に次に恐ろしいのは、この本ではいろいろな視点から書いているように自分を知らないことである。誇大な自我のイメージを持ち、それによって自尊心を保っていることである。

自分を知ることの妨害になっているのは、ナルシシズム、自惚れ、優越感、劣等感、自己卑下などいろいろである。中でも恐ろしいのはやはり依存心であろう。

自分が心理的に依存する人の価値観に逆らえない。心理的に依存する人が、「おまえはスポーツ選手に向いている」と言えば、自分もそう思ってしまう。

もちろん心の底では、そう思っていないこともある。しかし意識の上ではそう思ってしまう。

適切な目的を持てない人は、スキーでも英会話でも何でもいいが初級クラスにはいれば、学ぶ効果があるのに上級クラスに入るような人である。

自分を知らない。ことに、誇大な自我のイメージを持ち、それによって自尊心を保っている場合は、真実の自分に出会うことは難しい。

誇大な自我のイメージを持っている人とは、自分は社会的にえらい人になって当然だ、という意識の人である。

つまり適切な目的の仕事がないのではなく、それを適切な目的と感じる能力が自分の心の中にない。

適切な目的の仕事と言って、仕事探しをするのも大切であるが、それより先に、自分の心の矛盾を意識して、その矛盾を解決する方が先である。

パーソナリティーの内部に深刻な矛盾を抱えている限り、どのような仕事についてもそれが、その人にとって適切な目的になることはない。

「甘やかされ飽食をしてそだった人間は、どんな職も自分の面子を傷つけ、思い上がった一人よがりの自尊心を汚すものだ、と思うものである。」(注34)

要するに神経症的自尊心の強い者は、自分にとって適切な労働を避けようとする。

神経症的自尊心の持ち主は、実際には自分が何も業績とか実績というものをあげていないのに「自分はすごい」と思い込んでいる。あるいは思い込もうとしている。

歪んだ価値観と共に、誇大な自我のイメージや神経症的自尊心は自分の真実に出会う機会を妨害する。

もしかすると、今不満になっている仕事がその人にとっての適切な仕事かもしれない。

「自分はこれをするために生まれてきたのだ」というような体験の最大の妨害者は歪んだ価値観とか誇大な自我のイメージである。


車の運転で、安全運転するためには、何よりも大切なのは自分を知ることであろう。

自分の視力、視野の広さ等々が歳とともに衰えてくる。

認知症の傾向が出てくればどちらの方向に向かって走っているかが分からないときも出てくる。方向感覚を失うことがある。

人生の努力も同じことである。方向感覚が間違っていれば、事故が起きる。高速道路を逆走すれば大きな事故になる。

高速道路を逆走している人は、自分が逆走しているとは意識していない。

しかし人生の道で逆走している人も同じ。いやそれ以上にはるかに多い。高速道路を逆走すればニュースになるが、人生で逆走している人はごくふつうである。

自分が不幸に向かって頑張って努力していると本人は思っていない。

ドライバーでも周りの車を見ない人は交通事故を起こす。それと同じで周りの人を見ていないで、誇大な自我のイメージを持って生きている人は人間関係で事故を起こす。

高齢者が事故を起こすとよく言う言葉は「見えなかった」である。

止まっているものを見るのではなく、運転しているときのように動いているものを見る動体視力は加齢と共に落ちる。つまり高齢者は本当に「見えなかった」のである。

自分の能力を知らなければ事故が起きる。それを知っていれば車間距離を取る、速度を遅くする。

とにかく「自分を知る」ことは生きるためにはどうしても必要なことなのである。


自分がどのくらい認められたがっているかに、気がついていない人が多い。深刻な心の葛藤を抱えている人は気がつかない。

あるいは自分がどのくらい無意識に怒りを持っているかに気がついていない。

神経症者は人が驚くような仕事で、自分の心の底の恨みを晴らそうとする。したがって自分に適切な目的は持てない。

恨みを張らしている人は自己中心的であるが、幼児の自己中心性とは違う。幼児の自己中心性には恨みはない。

自分が、はっきり分かっていないと、相手はたまらない。つまり誇大な自我のイメージを持っている人は、周りの人にとってはつきあいきれない人である。

歪んだ価値観とか誇大な自我のイメージは、本人ばかりでなく、周りの人も不幸にする。

ところが実は歪んだ価値観とか誇大な自我のイメージを持っている人は、心の底のそのまた底ではやさしさを求めているのである。やさしさの求め方も分からないので、ただ偉そうに騒いでいるだけで、周りの人には迷惑な存在なのである。


劣等感の深刻な人間が本当に求めているのは、幸せではなく、劣等感を癒すことである。あるいは安心することである。

人間が最も恐れているのは不満ではなく、不安である。

傷つきやすい人、ナルシシスト、自己蔑視している人等々の共通性は自己実現していないことである。

適切な目的を持つことの敵は劣等感である。劣等感は強い感情で他の感情を抹殺する。

深刻な劣等感のある人が、適切な目的が欲しいというのは、夏に冬のオーバーコートを着ながら「涼しくなりたい」と言うようなものである。

そういう人に出会えば、「まずとにかく冬の服装から夏の服装に替えてもらってから、話をしよう」ということになる。

とにかく深刻な劣等感のあるパーソナリティーを変えることから始めなければならない。

そのための必要条件は、心の底のそのまた底にある本当の気持ちに気がつくことである。

つまり本当はやさしさが欲しい、本当は励ましが欲しい。

ところが逆に深刻な劣等感のある人は虚勢を張って、人にも嫌われるし自分自身にも嫌われる。

「本来の自分」で生きれば道は拓ける

あなたは今、何歳ですか。

そう聞かれて心理的年齢を考えないで「私は四十才」と言う人もいるだろう。

「四十年？　四十年か、長かったな」と思う人もいるだろう。「いろいろなことがあったな」と思う人もいるだろう。必死で生きてきた人である。

同じ年齢でも「まだこんなに若いさ」と思う人もいるだろう。「たったこれだけの人生しか歩いていない」と思う人もいるだろう。

「え、もうこんな歳《とし》？」と思う人もいるだろう。「本来の自分」で生きてこなかった人である。

自分の年齢に向かい合ったとき、人は何を感じるだろうか？

何も感じない人、「生きたあ！」と感じない人もいるだろう。

何も感じないとすれば、それは自分の意志で生きてきていないからである。

自分の意志で生きてくれば、たとえば「ああここまで、よくやってきたな、頑張ったなあ」と感じる。

自分の意志で生きてきていなければ、どんなにエリート・コースを歩んでも「あれ、何をしていたっけ？」となってしまう。

自分の意志ではなく、自分を裏切って生きてくれば過去をふり返ってしみじみとした感慨がない。社会的履歴はあるけど、心の軌跡がない。

ある大学の新入生である。

僕は皆に心を閉ざしている気はないのだが、皆から言われる。

何かしたいこともなく、目標もない。

自分がどう思っているかもハッキリしない。自分の気持ちもよく分からなくて。

高校三年間もあっという間に過ぎた。

友人も心のどこかで僕を信じていない。

彼は何よりも、自分が自分の意志で生きてこなかったということに気がついていない。

ここに気がつけば先は拓《ひら》ける。

「自分の位置を知る」と人間関係はうまくいく

自分の意志で生きてくれれば、人間関係の中で自分の位置を知る。

自分の意志で生きてこなくて、自分の位置が分からない人は、どの人が自分に親切か、どの人が自分を軽く見ているか、どの人は自分が困ったときに自分を助けてくれるか、どの人が自分をとたんに見捨てるか、それらのことが分からない。

そして自分を軽く見ている人、自分を軽蔑している人に認められようとして無理な努力をする。しかし相手から利用されるだけで、馬鹿にされていることは変わらない。そのことが分からない。

社会の中で自分はどの位置にいるのかが分かっている人は、相手を見ている。人とのかかわりの中で生きている。

地道に生きている事業家がいた。そこに外国からの、うまい投資話が舞い込んだ。

そのときに彼は言った。

「おかしいな、そんないい話が僕のとこまで来るのは」

彼ははったりをしないで、地道に生きているから騙されない。自分の位置が分かっているから騙されない。

深刻な劣等感のある人なら、こういう「美味しい話」に飛びつく。そして親からの遺産を失う。

自分が分からないままに努力していると、トラブルを起こす。「骨折り損のくたびれもうけ」という言葉があるが、その通りである。

自分が分かって働いている人と、自分が分からないで働いている人がいる。

これは全く違う。

自分を分かっていない人は、周りの人が期待する役割と違った役割を果たそうとするから人間関係でトラブルを起こす。なによりも親しい仲間のグループには入れない。

長く続く仲間達はお互いに自分の役割、自分の位置を知っている。自分がしたいことと仲間が自分に期待することが食い違わない。

自分を分かっていない人は、いろいろと骨を折るのだが仕事は上手くいかない。

相手を知り、自分をも知り、相手と自分の距離も明確に分かるとトラブルは激減する。

それが分かると、その人の距離感に応じての居場所ができる。

「人との関係で生きていない」ということを寓話風に言うと次のようになる。

象が子どもを連れて散歩にでかけました。

象の子どもがいたずらをしてお母さんのしっぽにかみつきました。それでもお母さんはだまっていました。

それを見て、猫がまねをしました。ところが象のお母さんは怒って子猫を捨ててしまいました。

相手と自分との関係を分かっていないとトラブルを起こす。象の子どもがいたずらをして許されたのは、お母さんだからである。自分と相手との関係の分からない猫は、同じことをしても事故を起こす。

虚栄心ばかり強くて、地に足のついたことを全くしない人がいた。中年になって神経症になり離婚の危機が来て、彼は言った。

「どこへ行っても居場所がない。家にも、実家にも、仕事場にも、パチンコ屋にも」

先に書いたような「おかしいな、そんないい話が僕のとこまで来るのは」というように自分を知っている人は、仕事も徒労ばかりということはない。人間関係も安定している。人から「ずうずうしい人」「なれなれしい人」「あつかましい人」と言われることはない。彼は昔の仲間といても、今の仕事仲間といても、どこにいても居場所がある。まさに適切な目的を持っている人である。

よく言われている上昇志向の強すぎる人は、自分と相手の立場、距離の全く分からない人である。

自分を知り、それを受け入れれば自分の居場所はあるのだが、本人はそこに行こうとしない。違った所に行こうとする。

だから頑張っても、頑張ってもむなしい。誰ともコミュニケーションできないから。

相手とのかかわりの大切さが分かって努力している人と、分からないで努力している人では、努力の意味が違う。

惨めになった人にも一生懸命努力している人は多い。しかし残念ながら相手とのかかわりが分かっていない。

自分の居場所がないと言う人は、自分が脇役なのに主役になろうとしている人である。

脇役で幸せになれるのに、小さい頃からやさしさを体験していないから、主役でないと幸せになれないと間違って思っている。

脇役の人が主役のようなことをしようとすれば、当然居場所はなくなる。

要するに自分の位置が分かっていない人である。自分の位置が分かっていないから周囲の人から受け入れられない。

そして自分が望むような形で受け入れられないから不満になる。自分が分かっていないのである。

主役の人と自分が同じことをしているのに、主役の人のように皆は自分を扱ってくれない。そこで何かひどい目に遭っているような気持ちになる。

周囲に不満という人は、よく見るとやはり「実際の自分にとって」という視点が抜けている。実際の自分の実力とか、自分の限界を無視して、心の葛藤から生まれた願望で世の中を見ている。

「実際の自分にとって」という視点から見れば、今の仕事はちょうどいいのかもしれない、今の配偶者はちょうどいいのかもしれない、今の恋人はちょうどいいのかもしれない。

ありのままの自分を受け入れてくれる「やさしい人間環境」で、成長していないので、「実際の自分にとって」という視点がない。

適切な目的は、仕事ばかりではない。良い人間関係も同じである。

今の友人、配偶者は、「今のあなたにちょうどいい」。

理想の友人、恋人、配偶者という視点で相手を考えれば相手に文句が出る。

しかし「自分にとって」という自分の位置という視点から考えれば、それは「ちょうどいい」ときも多い。

「実際の自分にとって」という視点で、相手を見られる人は、小さい頃からやさしさを体験している。


燃え尽きる人は、すぐに一般的な最高ということを考えてしまう。社会的、一般的な意味での最高ということではなくて、「自分にとっての最高とは何か」を考えることができる人が柔軟な人である。

「自分にとって」最高の犬は、今自分が飼っている犬である。それが最善の犬である。品評会で一位になる犬は一般的には最高かもしれない。血統書付きで社会的には評価される。

しかし「自分にとって」一番好きな犬、一番可愛い犬、それは自分が今飼っている犬である。

「自分の位置が分からない」と仕事がうまくいかなくなるしくみ

自分の位置が分からない人とはどういう人か。

それは新入社員で、社長に業界の説明をするようなことをする人である。小さい頃から愛されていないから、偉そうにすることが注目を集めると思っている。

ありのままの自分を受け入れられて成長してきた人は、そうした出しゃばった行動はしない。

自分が草野球をしているのに甲子園で投げているようなつもりになっている人である。ひどい場合にはプロ野球と勘違いする。自分が今どこにいるのかが理解できていない。

それが自分の位置が分かっていないということである。それが適切な目的を持っていない人である。自分の位置が分かっていない人は社会に出てから仕事はことごとく上手くいかない。そして怒りが出る。

生きるのが下手な人は、今自分のいる位置が分かっていない。自分が清流にいるのか、泥沼にいるのか、分かっていない。

自分の位置が分からないから、仕事は失敗する。自分が猫なのに象の足を踏むから、捨てられる。課長のときに部長の仕事を一生懸命する。でもダメ。

初めての編集者が何十年のつきあいのある親しい編集者と同じことを著者に要求する。自分は著者との信頼関係がないのに、信頼関係のある編集者と同じ行動をする。

原稿はもらえない。そこで不満になり著者を批判する。ますます仕事は上手くいかなくなる。

価値があるからか、本当にやりたくて選んだ道か

居場所がない、自分の位置が分からない等々、それらの根底にあるのは歪んだ価値観である。歪んだ価値観の根底にあるのは、欲求不満である。

欲求不満の根底にあるのは、やさしさの体験の欠如である。

いくらでもすることはあるのに、一面的視点にとらわれて、自分のできることをしない。

一面的視点にとらわれ、自分の潜在的能力を抑制してしまった人は、人生において多くのものを失ってしまうとハーヴァード大学のエレン・ランガー教授は言う。

その通りであるが、私が言い換えると「歪んだ価値観を持っている人は、人生において

多くのものを失ってしまう」。

視点を増やすことは幸運の扉を開くことである。視点を増やすことで適切な目的が見つかる。素直な価値観は幸運の扉を開く。

うつ病者は、うつ病に苦しんでいるときに、それまで何よりも価値があると思っていた学歴や会社のポストや財産が、自分の心を救うのになんの役にも立たないということが分かる。

エリート・コースをひたすら突っ走った後にうつ病になったビジネスパーソンである。

こういう人にとって、うつ病は、本当は視野を広げるチャンスなのである。

有名高校に落ちたときに「なんで落ちた！」と母親はヒステリックに怒った。その後家族は地獄であったが、彼は頑張った。そしてうつ病になった。

そして言った。

帰るところはどこにもない。

歪んだ価値観のために、うつ病になるまえに自己実現のチャンスを失った人もいる。

どうしても「そこ」に就職したくて、就職浪人をする人もいる。しかし「そこ」は、その人に適していない職業であることがある。

「人生において多くのものを失ってしまう人」は、自分が今いる場所よりも「あそこ」の方が価値あると錯覚している。

とにかく社会的に上昇しようとする。人間性とか心のふれあいとかは無視して生きてきた。片肺飛行で生きてきた。

自分が分からないで、外国の名門大学に留学しようとする学生がいる。

もちろん本人がそこに行きたくて行くならまだよい。面白いから行きたいというならまだよい。しかし深刻な劣等感のある人は名声を求めてそこに行こうとする。

エリート・コースを歩いて最後にうつ病や自律神経失調症になる人は、そのコースを自分が本当は歩きたくなかったのである。

昔で言えば、番長小学校から東大に行きたくなかった。でもそのコースを必死で歩いた。そして悲劇が起きた。

途中で、自分が好きでないことをして生きてきたことに気がつく人がいる。

そういう人は、今度は生きがいのある仕事を見つけられる。何よりも自分の周りの人を見てみることである。虚栄心が強いか、誠実な人か、ずるい人か、やさしい人か、深刻な劣等感のある人か、心の温かい人か？

周りの人が、冷酷な利己主義のようにまともでない人が多いときには、歪んだ価値観を持っている。自分のいる場所を間違えている。

自分自身を裏切らないで生きていくのにはエネルギーがいる。

自分の意志で生きていこうとする人なら、自分の実力以上の話が来ても「私は、外国留学はしませんよ」と言う。自分の人生を歩こうとする人はエネルギーがいる。

先の野球の話である。自分が行きたい学校か、自分の意志で選んだ仕事か。それら自分の過去を反省して見るときである。

ある自殺したエリート官僚である。小さい頃から「官僚は国を代表しているのだから」と父親に言われ続けて成長した。彼は就職するときに「官僚以外に考えられない」と言っていた。

この仕事が自分の適性に合っているか、合っていないかさえ考えなかった。考える余地がなかった。そして彼の人生は悲劇となった。

権利として職業選択の自由があっても意味がない。


欲求不満と歪んだ価値観との関係。

なぜ歪んだ価値観は、是正するのが困難なのか？

それは歪んだ価値観は、偏見と同じで、それがその人の心の支えとなっているからである。そうである以上そう簡単に歪んだ価値観を直すことはできない。

正しい自己認識は自我価値の崩壊につながる。自己認識が自己実現の前提であるとマズローは言う。その通りであるが、そう簡単なことではない。

そして偏見と同じように、歪んだ価値観は欲求不満の産物である。自らの欲求不満を合理化するのが歪んだ価値観である。

歪んだ価値観を直すには、自分の欲求不満と直面する勇気がなければならない。普通の人には、これだけの勇気はない。

だから歪んだ価値観を持ったままで、最後まで不幸な人生を送る。

「誇大な自己像」を守るために他人を否定する人

大学生のなかで、言論界で活躍している人を軽蔑する声を時々聞く。

自分一人で得意になって「あんな作家ダメだよ」とか「あんな評論家ダメだよ」という批判の類いの話をいつもしている。

偉そうに人を批判する言葉、嫌みの言葉は、実は皆自分の傷ついた神経症的自尊心を守るための言葉である。

嫌みの言葉は実は皆自分を守るための言葉である。批判することで自分の誇大な自我のイメージを維持しようとしている。

そうした状況におかれたとき、彼は、自分の感情を抑えつけて、イライラ、イライラしながら毎日を過ごし、心理的に大変な疲労を味わうことになる。

私も何人かの、そのような状態に陥っている若者を知っている。

しかし、先のある種の作家への軽蔑にしろ、他の職業の人にしろ、なぜそういうことが起きてくるのか。

それはもともとは、他人の価値ということを知らずに一人で勝手に作りあげた自我価値の幻想が原因であろう。

批判するのはその自我価値の幻想が崩壊し始めているからにすぎない。

そこで他人を軽蔑することで、誇大な自我のイメージの安定を図ろうとする。

そして、自我価値が崩壊しだすと、その過程で手あたりしだいに、独りよがりの「偉さ」ということと結びつこうとする。

完全に自我価値が崩壊すれば、無気力になる。しかし自我価値が崩壊を始めたときというのは、無気力になっていない。

手あたりしだいに独りよがりの「偉さ」と結びついて、崩壊する自我価値をくいとめようとする。

自我価値の崩壊をくいとめようとして、人を批判すれば批判するほど、実際の自分の真実とめぐりあう機会も少なくなっていく。

自分が実際にそのことをして見るから自分の能力も分かる。自分の限界も分かる。そうして現実の自分を受け入れられる。

本当は「人のやさしさ」を求めている自分に気づく

他人を否定することによって誇大な自我のイメージを守ろうとする人はどちらかというと怠け者タイプである。

だが、もう一つのタイプの人がいる。それは背伸びして、無理して頑張って誇大な自我のイメージを実現しようとするタイプの人々である。

こちらはどちらかというと努力する方だが、最後は燃え尽き症候群タイプである。

誇大な自我のイメージを持つものは、当たり前のことであるが、深刻な劣等感のある人である。

理想の自我像と「現実の自分」との乖離に苦しんでいる。そして理想の自我像を実現しようとして頑張る。

ありのままの自分では価値がないと感じている。

理想の自我像を実現しようと努力すれば努力するほど、自分はそのままでは価値がないという感じ方が強化される。ありのままの自分では価値がないという自己無価値感もいよいよ強化される。

成功しても、成功してものどの渇きが増すばかりになる。いよいよ自己愛的満足を激しく求める。だからこそあらゆる名声とか、美しさを得たような人が自殺をする。

「もっと美しくありたい、もっと権力を得たい」とますます望むようになる。さらに非現実的な理想の自我像を実現しようとする。

もし理想の自我像を実現できても結果として深刻な劣等感はより深刻になる。

実はこれが優越感の本質である。

そうなると造花でも本当の百合の花でも、とにかく飾ってあればいいというような生き方になる。本当のことは何か、そういうことに関心がなくなる。

エベレストに登っていなくても、エベレストに登った名誉が欲しい。楽してそこの位置に行きたい。

オーストリアの精神科医ベラン・ウルフは心理的に幼稚な人は、収入のある閑職を欲し

しがると書いているが、その通りであろう。(注35)
優越を求めて、手当たり次第に人を批判したり、収入のある閑職を欲しがる人は、実は心の底でやさしさを求めている。

先に「人のあらさがしをしているときは、やさしさを求めている自分に気づくときである」と書いた。

手当たり次第に人を批判している人は、やさしい人に囲まれて成長していないから、優越感を求める。

しかし手当たり次第に人を批判したり、とにかく人の悪口を言う人は、自分が本当は何を求めているかに気がついていない。彼らが無意識の領域で本当に求めているものは、やさしさである。

「本来の自分」に気がつけば救われるのだが、人を批判することで救われようとするから、いつまでも救われない。

手当たり次第に人を批判したり、とにかく人の悪口を言う人は、実は愛情に飢えている。自分が皆からチヤホヤされたいのにチヤホヤしてくれないので、感情が爆発しているに過ぎない。

皆が自分の努力を認めてくれない不満がある。そして心理的に疲れているときに、やたらに人を批判したり、とにかく人の悪口を言う。皆が自分の存在を立派だと思ってくれないので悔しい。無視されたような気持ちになってイライラしている。

やたらに人を批判しているときはだいたい、批判している人が羨ましい。またいろいろな人との関係が上手くいっていない。

一生懸命働くのだけれどもかえって敵をつくってしまう。

こんな環境で適切な目的が持てるわけがない。

人のあらさがしをしたくなったときは、ハーヴァード大学のエレン・ランガー教授の言葉を使えばマインドレスネスなときである。

物事を一つの視点からしか見ていない。心が満足していれば、いろいろな視点から物事を見られる。

もっと具体的に言えば、人のあらさがしをしたくなったときは「やさしさ」を求めているときである。

イライラ、ムカムカして、人のあらさがしをしているときは、「やさしさ」を求めている自分に気づくときである。

そういう人達は、心の中は孤独。そして「私は求められている」と感じたい。

ここで問題は、二つある。

一つは「やさしさ」に接しても、「やさしさ」に気がつかない。

二つ目は、自分が「やさしさ」を求めていることをなかなか認められない。


小さい頃、自分はやさしさのない世界で生きていた。そして大人になって人間関係が変わっても、変わったということを認識できなかった。つまりやさしい世界になっても、そのやさしさに気がつかない。

そして、その過去の心で今を生きている。

救われるためには、その自分の勘違いを認識することである。

今まではマズローの言う疑似成長して生きてきて、生きる土台がなかった。土台のないことに気がつくことで成長する。愛されて成長していないことに気がつくことで成長する。

ありのままの自分が愛されなかった結果、愛されよう、好かれようとして頑張った。そしてどんどん道を外れていった。

自分を知る、それは自分の弱点を知ることでもある。やさしさとはその自分を受け入れてくれる人々である。

「現実の自分」を受け入れよう

フレデリック・パールズ（Frederick Perls）という人がどういう人か知らないが、『Born To Win』（注36）という本に、その人の言葉として次のような言葉があった。

クレイジーな人は「私はリンカーンである」と言う。ノイローゼの人は「私がリンカーンだったらなー」と言う。健康な人は「私は私です、リンカーンはリンカーンです」と言う。

クレイジーな人についてと心理的に健康な人については賛成である。

ノイローゼの人については多少補足が必要な気がする。「私がリンカーンだったらなー」と言う人は、今の自分の役割に不満な人である。

今の自分の役割がリンカーンと同じでないことが不満なのである。リンカーンと違った役割を担う「現実の自分」が許せない。

ノイローゼになるような人は、現実の自分を無視してリンカーンと同じように振る舞おうとする。

神経症的自尊心が深刻になりノイローゼになるような人は、私はリンカーンと同じである「べき」であると考える。

そうすれば自己憎悪が生まれるのは当たり前である。

「現実の自分」はリンカーンと同じだけの力がないということを受け入れられない。

リンカーンが頑張って生きてきた過去の歴史、慢性的うつ病を乗り越えたリンカーンの心の苦闘、リンカーンの持って生まれた素質、育った環境等々を無視する。リンカーンと「現実の自分」の苦闘の歴史の違いを認めない。お互いの過去の努力の違いを認めない。

そして何をするにもリンカーンが基準になってしまう。強迫的名声追求の特徴である達成不可能な基準がこの場合はリンカーンである。

「現実の自分」とリンカーンを比較して「現実の自分」に失望する。そこではリンカーンの積み上げられた苦闘の歴史は無視される。

そういう人はリンカーンになったら人に愛されると思う。つまり目的は現実のむなしさを埋める夢である。

彼らにとって最も重要なことが心の葛藤を解決することであれば、実際の自分は無視される。

実際の自分では心の葛藤を解決できない。心の葛藤を解決しようとすれば、実際の自分は障害になる。

そこで実際の自分を憎み始める。

そして自己憎悪に陥る。

「リンカーンと比較して」と言うと奇妙に思う人がいるかもしれないが、悩んでノイローゼになるような人は、その時その時で驚くような人と「現実の自分」を比較している。

そして最後は神との比較である。

神との比較というと、それはクレイジーではないかと思うかもしれないが、そうでもない。

シーザーを見ればそれは明らかである。

「彼はすべての人に自分は神であり、もっとも強く、もっとも賢い人間であると無理に同意を強いた。それ故、彼自身の誇大妄想は彼には合理的な感情のようにうつる。[注37]」

大切なことは、本人はそれを合理的な感情と思っているということである。

いつも深刻に悩んでいる神経症者は、どこかおかしい。しかし本人は、それを合理的な感情と思っている。

フロムはエジプトのファラオなどについて説明をした箇所で次のように述べている。

「自己の願望を遂行するかれらの能力には限界がないようにみえる。彼は神である、病気と年齢と死には勝てないけれど。彼らが人生の問題に解決策を求めようとするのは、人間存在の限界を必死に超越しようと試みるからである。（注38）」

つまり自己憎悪の恐ろしさである。

自己憎悪が激しくなり、それが社会的成功ということを伴えば、達成不可能な基準は限界を知らない。

社会的成功によって自己憎悪は決して解決のつくものではない。どんどんひどくなる。

最後は「神」が出てくるのは歴史を見れば枚挙にいとまがない。シーザーしかり、ヒトラーしかり、スターリンしかりである。

それが悩んでいる人の場合の達成不可能な基準と同じ機能を果たしている。

いつも深刻に悩んでいる人が何をするにもリンカーンのような人が基準になってしまうように、おそらく彼らは神が基準になってしまったのであろう。

いつも深刻に悩んでいる神経症者と彼らの違いは強大な権力を持っているか、持っていないかの違いである。心の違いではない。

いつも悩んでいる神経症者は自分が権力を持てば、自分の人生の問題は解決がつくと思っている。だから強迫的に名声追求をするのである。

しかし権力で人生の問題が解決つかないのは、皇帝チャールス五世が暴飲暴食の癖があったことを見れば分かる。皇帝になっても人生の問題は解決つかない。

今悩んでいる神経症者は、死ぬまで悩んでいる。もしその人自身が変わらなければ。

悩みの原因はその人の外側にはないのだから、外側がどう変わろうと悩んでいる人は悩んでいる。

皇帝になるかホームレスになるかは悩みとは関係ない。

フロムは「人間でないふりをして人生の問題を解こう」とすることは「悩める人の生涯に生じやすい狂気である」と言う。

私に言わせれば、人とコミュニケーションすることではなく、人生の問題を解こうとするのが、「悩める人の生涯に生じやすい狂気である」。そしてそれがフロムの言う「人間でないふり」である。

張り合わなくていい人、一緒にいると情緒的に安定している人、一緒にいて不安な緊張がない人、そういう人を探すことができれば、「人間でないふり」をしなくてもいい。

「権力、名声、お金」ではなく「好き」を仕事にする

いつも深刻に悩んでいる神経症者は、本当はレンゲ畑を歩いていたいのに、自分は松林を歩いている。心の底のそのまた底ではレンゲ畑を歩いていたい。

そういう不満のある人は「月をとればいいな」と思っている。歩きたいレンゲ畑を歩いていないから。

道を間違えているから、月が欲しい。歩きたいレンゲ畑を歩いていれば、「月が欲しい」とは思わない。

レンゲ畑を歩きたいのに、松林の中を歩いている、そういう人は基本が不満である。

あとは「あの月がとれないかなー」となる。

愛されて満足した人は、それほど「友達、友達」と友達を求めない。友達のいる「ふり」をしない。それよりも好きなことをしようとする。

人気者は皆淋しい。

愛されて満足した人は、それほど「権力、権力」と権力を求めない。それよりも好きなことをしようとする。

「権力、名声、お金」と騒ぐのは、この道もあの道もなくて、どの道を歩いていいか分からないから、そう騒ぐ。

神経症者は「欲」で身を滅ぼす。

人生の勝者は「好き」で勝負する。

愛された人は「自分は、今はあそこには行きたくない」と思い出す。それは自分が見えてきたからである。自分の意志で動き出したからである。

やさしさを求めていれば、最後には「あそこに行きたい」と思い出す。

しかしとにかく今は、順序を踏む。いきなりリンカーンにはなれない。日々の苦闘で、人生を積み上げていないのだから。

それが自分の意志で動いているということである。

本当の仕事に巡り合うために、正しい自己分析が必要

怠けて人を批判することで、誇大な自我のイメージを守ろうとするにしろ、努力して誇大な自我のイメージを実現しようとするにしろ、いずれにしても、それは幸せとは結びつかない。

本当の適切な目的とは結びつかない。

できるだけ早い機会に、自分が勝手に作り上げた誇大な自我イメージを崩すことが大切なのである。

人を批判するのは、そのように自分を素晴らしいと思おうとすることで、自分の心の葛藤から目を背けていられるからである。

しかし人を批判していても先は拓けない。

「私はなぜ心の葛藤に苦しむようになったのか？」と考えることで先が拓ける。大切なのは心の葛藤のルーツを探ることである。

「私は憎しみの空気を吸って生きてきた、やさしい空気を吸って生きてこなかった」、そう気がつけば先は拓ける。


今まで育ってきた自分の過去を分析するという辛い精神的作業を経て、人は、適切な目的の職業にめぐりあえる機会を持つようになる。

自分の真実に出会うことを妨害する心理はいくつかある。

一つは誇大な自我のイメージであり神経症的自尊心である。その自己イメージの実現に努力してしまうことである。

もう一つは誇大な自我のイメージとは逆に間違った低い自己評価である。その結果の意欲の喪失である。

「元々はいくらでも働く能力があるのに、本人がダメだと思ったときに、その能力は失われる」ということである。

この無気力になった人の課題は、もちろん自分の内なる能力に気づくことである。

今の自分の無気力状態で、自分を判断してはいけない。

今自分が無気力になったのは、それまでの望ましくない人間環境にも原因がある。

「子ども時代の数年間を通して形成され、それ以後変化なく維持される場合が多いため、現在の個人の行動は彼のおかれている現在の事態からではなく、数年前の彼のさまざまな経験から説明することができる。(注39)」

今までの人生はその人の運命である。その運命の中での自分である。

その固有の運命の中で生きてきた自分という視点を失って、今の自分を考えてはいけない。

もし違った運命の下で生きてきたら、今とは違った自分であったかもしれない。

もし違った人と出会いながら生きてきたら、今とは違った生命力に満ちた自分になっていたかもしれない。

もし違った人とかかわっていたら、今はやる気のある自分になっていたかもしれない。

今までの人生でかかわった人がひどかったのかもしれない。それで「幸せになれ」と言っても無理である。

一般的な基準ではなく、この運命の中で生きた自分である。この世界で一人の固有の自分が、この与えられた運命でどう生きるかである。

自分の勉強の仕方、自分の遊び方、自分の仕事の仕方、要するに自分の生き様である。それを模索することである。

「私はテニスキャンプで、ラケットの持ち方やサーブのトスの上げ方を細かく教わった。キャンプに参加していた全員が、同じやり方を教わった。その後、テニスの全米オープントーナメントの試合を見ていた私は、一流選手たちの誰ひとりとして、私が習ったやり方ではサーブしていないことに気づいた。しかも、選手ひとりひとりのサーブのやり方は、少しずつ違っていたのだ。(注40)」

自分の生き方を見つけてみる。私の怠け方でもよい。とにかく「私の天才の見つけ方」を探す。

私が二十六歳のときに書いた本のタイトルは『俺には俺の生き方がある』である。

自分の真実に出会うといえば、皆最初から、自分というものがあるような気になるかもしれない。

しかし、人間は時間をかけて自分自身になっていく。最初から「自分がある」のではなく、「自分になっていく」。

したがって、仕事が自分をつくるという面がある。その仕事をするという過程で自分になっていく。

したがって最初から、「あー、俺はこのことをするために生まれてきたのだ」ということではなく、仕事をしていく過程でそれが分かることも多い。

仕事というのは、分かってくると面白いものである。それは仕事でなくても同じである。テニスは、はじめから面白いものではない。やっているうちにだんだん上手くなり、やがて、テニスの面白さが分かってくる。

したがって、何事でも、その間の模索の努力をしようとしないものは、自分にとって本当の仕事にめぐりあうことはない。

先進国の若者の中には、自分が何を望んでいるのか分からない人が多い、というようなことを書いた。しかし、実は、そういう人達は何も望んでいないということが多い。

というのは、「私はこれを望む」ということは、強靭な精神にしてはじめて成し得ることだからである。

心理的に自立していない人間には、「私はこれを望む」ということの表明が不可能である。自立していない精神に可能なことは、自ら望むことではなく、他人が望んでいることをすることである。

他人の期待にかなうようなことをして、気に入られるのは心理的には楽である。

したがって、弱い精神の特徴は、責任転嫁をすることである。

「おまえが望んだからこうしたのだ」「こんなに苦しい思いをしてこうしてあげたのだ」というように、やることの原因を自分自身の欲求にではなく、他者の欲求にもっていく。そうすれば行動の責任は、自分には来ない。

「これは私が選んだからしたことだ」ということは、大変強靭な精神にしか言えないことなのである。

弱い精神というものは、多くの場合、「不本意にもこうなってしまった」「あなたのためにこうなってしまった」「私が望んでしたことではない」というように言うことである。

弱い精神の持ち主は「私は夫が嫌いだから離婚をした」と言わない。それを認めない。

夫は怠け者だから、働かないから、アルコール依存症だから、冷たいから、離婚をしたと言う。

「私は夫が嫌いだから離婚をした」と認めれば、先へ進めるのである。適切な目的を持てる。

現代の、いわゆる善良な人間は、たえずビクビクして、自分が望むことを怖れている場合が多い。

そして自分が望むことのできない人間になってしまった。そうなればできることは、不平を言うことである。つまり、被害者になることである。

小説の題名を忘れてしまったが、こんな小説があった。

善人と悪人が出てきて、悪人の方は明確な目的を持っている。アメリカの小説だが、善人を殺して、金を得て、その金でもって別荘を作って、自分の好きな女をそばにおいて、という具合である。

ところが、善良な人間の方は、他人が遊びに来て帰ろうとするときでも、「もっと長くいらっしゃいよ」ということすら言えない。

ある大学の学生騒動のとき、議長団の中から議長に選ばれた人がいる。その人は、議長団の中でもなんとなく信頼されて、集会に集まった人達がその人の言う通りに動くようになってしまった。

ところがそのとき、その人は集まった千人の人間が自分の意志に従って動くということに恐怖をおぼえてしまう。彼はこわくなって、次の集会のときには議長団をおりてしまった。

人間は、自分自身の意志に基づいて、自分自身の欲求に基づいて行動するということがどんなにおそろしいことか、どんな強靭な精神にして可能であるか、ということに気がつかなければならない。

自分が何を望んでいるのか分からない、ということは、別な言葉で言えば、虚弱な精神を持った市民の象徴でしかない。

最初から強い人間はいない。しかし、強くなろうとすることによって、あるいは強くなろうとする過程のなかで人間ははじめて自分の欲求というものを知り、あるいは自分の欲求をつくり出していく。


やれることをやっていれば気持ちは落ち着いてくる。

やれないことをやろうとして結局何もできないから心理的平衡が失われる。

神経症者もやれることをしないで、やれないことをしようとするからいつまでも神経症は治らない。

今、自分ができることを地道にするようになれば、徐々にではあるが心理的平衡が得られる。

もう一度言う。神経症者はできないことをしようとし、できることをしようとしない。

だから神経症は治らない。

第4章

ありのままの自分に気づくことが、明日を拓く第一歩

——困難を乗り越えるために今すぐできる解決策

解決策1　心の葛藤を解消する

周囲に振り回されて自分を見失っていませんか

この適切な目的と深く関係しているのが、内的葛藤がないことである。内的葛藤がないから適切な目的が持てる。

どうしても適切な目的を持てない人は、自分の過去を反省することが何より重要である。

心に葛藤があると、何よりもその葛藤を解決することが優先する。

心に葛藤があるということは自我が不安定ということである。自我が不安定なら自我はまず安定しようとする。

自我の安定する条件が社会的成功なら、人はとにかく社会的成功を求める。

自分が虚弱体質なのにオリンピックの優勝を目指して頑張る選手がいれば、確実に不幸になる。適切な目的ではない。

幸せになれるかどうかは、心の葛藤に振り回されるのではなく、自我が心の葛藤に直面できるかどうかである。

本当の自信とは自我の確立でしかない。どんな社会的成功も自信を与えない。どんな業績も自信を与えない。

親に依存心がある限り、自我の確立はない。それは親に気に入られたいという気持ちが強いからである。親に賞賛されたいという気持ちが強いからである。

あるうつ病になったビジネスパーソンは若い頃を振り返って「親が喜ばないので、休日にも友達と遊ぶことは避けてきた」と言った。

就職も親の喜ぶことが条件の第一であった。

自我の確立がないままに社会的に活動を始めるから人生はトラブル続きになる。

「私は3才の頃から母親の希望でピアノを習い、現在26才になります。

遊びや、友達との交流が始まり、ピアノは足枷《あしかせ》となっても、母親の存在は絶対だから、やめるとは全く考えません。

幼い頃に突き指をして、左の親指の筋が切れている。技術的には上達しない。私はあまり能力の向いていない方向に20年以上も時間を費やしてきた。でも親の意思の通りにピアノを意識した職業に就いた。音楽教師になった。

長年にわたるピアノへの劣等感は強くなる。

周囲の人の期待に添うべく自分を偽って生きてきた。

気がついた。自分の周囲の人を誰一人として素直に好きと思えない自分に気がついた。

愛情とはほど遠い敵意がありました。それが不眠症の原因となった」

これを読むと、この人は特別だと思うかもしれない。しかし特別ではない。本質的には同じ人はたくさんいる。エリート・コースを走っている人だって皆同じである。

この女性が「長年にわたるピアノへの劣等感は強くなる」と言うように、エリート・コースを走りながら長年にわたる劣等感は強くなっている人はたくさんいる。

こういう人達の特徴は「心を開けない」ことである。

「私は孤独。世界中の人が敵に思える。

身近な人にも敵対心が起きる」

この心理的特徴はピアノをしているか、大企業のエリート・コースを走っているか、中小企業で働いているかに関係ない。

「心を開けない」と言ったからと言って、人を拒否しているのではない。ある人は「愛されたくてたまらないのに誰にも心が開けない」と言った。

「私は孤独。世界中の人が敵に思える。

身近な人にも敵対心が起きる」

「愛されたくてたまらないのに誰にも心が開けない」

この二つから分かることは、敵意ある者から愛を求めているという矛盾したパーソナリティーである。

矛盾を抱えたパーソナリティーになった原因は、重大な感情を自分に隠していることである。

それに気がつくことが解決の扉である。扉を開ければ依存心や憎しみが見える。それが見えれば「誰からも好かれたいのに、誰一人として好きになれない私」の心が見えてくる。

過去の自分を見つめ直そう

どうしても適切な目的を持てない人は、自分の過去を繰り返し反省することが何より重要である。

もちろん一度や二度、過去の自分を分析して解決するというものではない。ねばり強く自分の過去の心の習慣を直していく必要がある。

ある人は、「頭では周りの人がやさしいと分かっても、心を開こうとすると、閉まってしまう」と言う。

その人は「心の呪縛はとれない、『開けるな』と警告する」と言う。

「記憶に凍結された恐怖感（注41）」というのがある。

心の手錠はそう簡単に外れない。心の病が重ければ重いほど、簡単に心の手錠はとれない。

ある人は「私は対人恐怖症です。人とかかわりたいです。でも心が拒否しています」と言う。

人と親しくなりたい、かかわりたい、でもかかわれない。それが凍結された心である。

しかしねばり強く言い聞かせれば、いつか心の手錠は外れる。希望を捨てれば、やさしい人に出会う機会が少なくなる。希望を持ち続ければやさしい人に出会うチャンスは常にある。

そう考えると「なぜ自分は適切な目的が持てないのか？」ということの背景には、その人の長い歴史がある。

適切な目的が持てないことの原因は、長い間ストレスの日々が続きすぎたのである。自分でない自分で、来る日も来る日も頑張った。やさしさを求めながらやさしさに接しないで来る日も来る日も頑張った。

過去を見つめていけばいろいろと耐えられないことがある。しかしこれを避けては幸せになれない。

ある人は、とにかく耐えられないのは母親の退行欲求であると言う。

母親は、何か思うようにいかないとすぐに「私など死んだ方がいいというのね」と自ら包丁で死ぬ真似事をする。そして「包丁を私の方に投げる」。

母親はとにかくほめられたい、「大変だったねー」と同情してもらいたい、辛いときには辛い気持ちをくみ取ってもらいたい。

そういうときに、些細な注意や改善の努力や提案の話は耐えられない。この母親は心が幼児のママで止まっている。

素直さとは、現実を認めることである。素直さとは、現実を否認しないことである。

努力して、頑張ってエリートがうつ病になったり、燃え尽き症候群になったりと挫折する。そうなるのは、彼らに現実否認があるからである。

彼らは真面目に頑張ったが、頑張ることの本当の動機は強迫的名声追求であった。好きなことを追い求めたのではなく、劣等感から名声を求めた。

使命感から力を求めたのでなく、心の不安から力を求めた。

「私の努力の動機は自分の個性や能動性ではない、自発性でもない、周囲の世界に対する敵意である」と認めることが素直さである。

そうすれば解決に向かってスタートできる。

現実否認は何も自分自身にだけではない。自分の子どもの現実を認めない人もいる。

隠された「敵意」がゆがんだ形で表れる

人はなぜ素直になれないのか？

それは、その人が周囲の世界に敵意があるからである。

「私は足が短く、胴長で、いつも笑いものになるのです。私みたいに不格好な体をした人は、この世にいないのです。私のハンディは私を対人恐怖症にまで追い込んだのです」

事実は別にこの人は、不格好な体をしていない。

「私くらいの独身女性は、子連れの女性を見て、自分は全ての男性に嫌われているような寂しい思いをするものです」。当たり前のことであるが、事実は、全ての男性に嫌われているわけではない。

ある自称対人恐怖症の人は言う。

「体はヒョロヒョロだし、スタイルもよくありません」

しかし事実はそうではない。

彼らは小さい頃、いろいろな破壊的メッセージを受けた。その結果屈辱感を感じ、当たり前のことであるが、敵意を持った。

その心の中の敵意を外の世界に外化した。つまり外の世界が自分に敵意を持っていると感じた。

周囲の世界に敵意があるから、自分を守るために力を求めた。

そして力を得ればいろいろなことは解決できると思った。彼らは人生の諸問題を一気に解決してくれるのが力であると錯覚した。

しかし強迫的名声追求は神経症的解決である。真の解決ではない。包括的解決と言われる強迫的名声追求は人生の諸問題を解決してくれない。

それらは全て現実逃避である。

したがって問題の解決にはならない。包括的解決どころか、ただの一つの悩みの解決にもならない。

不安から名声を求めて努力すればするほど、心理的には弱い人になる。些細な挫折にも耐えられなくなる。些細な挫折からも立ち上がれなくなる。

名声追求は不安の消極的解決で、名声を得ても得なくても、結果はより不安になるだけである。

彼らは栄光にしがみつくことで自分の心の葛藤を解決しようとしている。

困難から回復する力のある人、つまりレジリエンスのある人は「私は私の中にあるものにしがみついた」（注42）と言う。

しがみついているものが違う。

だから彼らはエネルギッシュな人であった。どんな逆境にも負けなかった。

無気力になる人は、栄光にしがみついた。理想の自我像にしがみついた。権力にしがみついた。成功した人も失敗した人も、幸せを失った。

依存心を克服すると人生が変わる

「私はこんなに辛いのだ」という悩みは攻撃性を表現している。

そう騒いでいれば幸福になる努力をしなくてもいい。まさにうつ病の「生の引き潮」である。

「辛い、辛い」という嘆きは甘えの間接的表現であり、攻撃性の間接的表現でもある。

そして大切なことは、このように生きてきた人は、自分の依存心が強いことを認めた上で、決して自分を責めないことである。そしてそれを乗り越えることを自分の人生の課題としてハッキリと認識することである。

依存心の克服を自分の人生の課題と位置づけることが大切である。

そのように認識できれば自然と生き方も分かってくる。自分がどういう人とつきあえばいいかも分かってくる。偉い人とつきあえばいいのか、心やさしい人とつきあえばいいのかも迷わなくなる。

ダイアモンドを買えばいいのか、牧草地を買えばいいのかも分かってくる。

そうすれば今は休めばいいのか、働いた方がいいのかも分かってくる。今が頑張り時なのか、怠けていていいのかも分かってくる。

朝から晩まで一日二十四時間、三六五日頑張って最後に心臓病で死ぬことはない。

重荷を背負って歩くということはこういうことである。依存心が強くては愉快には生きられない。いつも傷ついている。近い人には不機嫌、遠い人には怯えて暮らしていくよりほかにない。


よく悩んでいる人は、悩みの分析の話を聞いた後で「では、どうすればよいのですか」と聞く。

「では、どうすればよいのですか」と質問する人は、キリストもアラーの神もお釈迦様も人生には必要ないと思っている人である。みんな悩んで苦しんで、神にすがって生き抜こうとしているのである。

人生の諸問題は「では、どうすればよいのですか」という簡単な問題ではない。

彼らは、そんな分析などではなく、「辛い努力をしないで私を救ってくれ」ということである。

彼らが歎くのは、問題の解決に努力するよりも、問題を歎いている方がはるかに心理的に楽だからである。

問題の解決に向かうためには、その人に自発性、能動性が必要である。

しかし問題を歎いているのには、自発性、能動性は必要ない。何よりも歎いていることで退行欲求が満たされる。

真の問題から逃げようとするから、「では、どうすればよいのですか」と質問する。

良い仕事がない、良い友達ができない、良い恋人ができない。

「どうしたらできるか？」と悩んでいる人は自分が変わることを拒否している。

「では、どうすればよいのですか」と質問する人は、皆自分が変わることを拒否している。

「雨に濡れないのには、どうすればよいのですか」と聞く。しかし傘を差すことを拒否している。

そういう人の人生はどうなるか？

「私の人生は待つことだけが生きがいでした」となる。

つまり苦しむことは依存心を乗り越えることである。だからこそ苦しみは救済に通じるのである。

ある人は小さい頃、親戚に預けられていた。

「おとなしく、『いい子』、面倒のかからない子であることが重要でした」と言う。

そして「私はおとなしい人間になってしまった」。

しかし「私は生まれ変わりたい」と言った。

この人の心の底を聞いていった。

するとこの人は「私は、人を刃物で傷つけそうで怖い」と言った。そこに気がついた。

私は人を殺したいほど憎しみに囚われている、そこに気がつくことが、依存心を乗り越えるスタートラインである。

解決策2　隠された真の動機に気づく

自分の身の程を知る

身の程を知る。それが適切な目的。

自分の位置を知る。それが適切な目的。

相手と自分の立場の違いを知る。それが適切な目的。

身の程を知らない人は「夫を助けたい」と言う。夫はアルコール依存症。

ところがこの女性は自分が人間関係依存症。息子にしがみついている。

自分が妻なのに妻になれていない、自分が母親なのに母親になれていない。

自分が心理的におぼれかかっているという自分の立場を忘れて、「夫を助けたい」と言っている。

自分の立場を忘れて「あの人を助けたい」と言う。

本人の助けたいという気持ちは嘘でないだろうが、こういう人は相手を助けようとして、相手を地獄に突き落とす。

次のような人もいる。

「二十年間苦しんできました。自分の殻に閉じこもって定職に就いていません。思いきって家を出ます。そこでカウンセラーなどの仕事がしたい。私と同じように苦しんでいる人を助けたい。どうしたらよいですか」

次の例も同じである。

「私はこれから精神病院に入院します。心を病む人びとがもっと自信を持って堂々と生きられるよう、そんな世の中にしたいです」

彼らはまず治療に専念しようとするのではない。あるいは「自分はなぜこうなったかを勇気を持って見つけたい」ではない。

「こんな世の中にしたい」「人を助けたい」である。

ある女性の例である。

「別れた彼を助けてあげたい。どうしたらよいでしょう」と言う。

だいたい悩んでいる人は、人を助けたがる。劣等感の深刻な人は人を助けたがる。

この女性の場合、本音は「よりを戻したい」である。

それぞれの人の「助けたい」ということの背後にある「隠された真の動機」は何か？

それに気づけば道は拓ける。

次の人の隠された真の動機は無力感である。マゾヒスティックな人である。

私は自分が嫌いで、人に嘲笑されることに喜びを感じて、いつも自分は嫌われていると感じていた。

そういうマゾヒスティックな人が「同じ友人を変えてあげたい」と言う。

隠された真の動機は自分の無力感である。友人を変えると言うことで、自分の力を感じたい。

彼らは無気力で、恩着せがましい。かかわられた方は、その恩着せがましさに不愉快になるだけであるし、回復はしない。

こういう人達は皆自分の位置が分からない。こういう人達は、まず人の力を借りて、自分が一人で歩けるようになることが先決である。それから、人を助けることができる。

それでないと助けようとして相手に寄りかかってしまう。

こういう人は自分はお店にいてものを買うのか、売るのかが分かっていない。自分はお客さんの立場なのか、売る立場なのか、その立場が分からない。

教える立場なのか、教わる立場なのか、その立場が分からない。

母親固着の男性である。恋愛をして、自分が恋人の立場なのに、相手を母親にしてしまう。自分の立場を忘れて、自分が息子になる。当然相手に不満になる。

自分の立場が分からないということは相手の立場も分からないということである。

自分の社会の中での立場が分からない。自分が何ものだかが分からない。

自分の立場が分かれば自然と適切な目的が分かる。

自分の立場が分かれば、自然と社会の中で自分のすることが見えてくる。

今の仕事が、今のあなたに「ちょうどいい」ことが分からないで不満になる人は多い。

「ちょうどいい」のは、何も「理想の仕事」という意味ではない。「今のあなたの立場から見て」ちょうどいいのである。

ある人から「お釈迦様の言葉だ」として次のようなことを書いた紙をもらった。

今のあなたにちょうどいい。

「実際の自分」より、自分をよく見せようとしている人は、自分の立場が分からない人である。

成長し続ける人は「不安」を動機にしない

劣等感と欠乏動機。

適切な目的を持つことに必要な動機は、成長動機である。

欠乏動機で働いている人に、適切な目的はあり得ない。つまり不安が動機で働いている人には適切な目的はあり得ない。こういう人にとって自分の不安を取り除くことが第一になる。

その人は体が弱いという劣等感をもっていた。

そして、大学時代に、部活動で、なんとアメリカンフットボールをする。アメリカンフットボールが好きなのではない。アメリカンフットボールをしているということは強靱な身体の持ち主の象徴である。

自分の劣等感を癒すためのアメリカンフットボールである。成長動機からのアメリカンフットボールではない。欠乏動機からのアメリカンフットボールである。

そして皮肉なことに最も生きがいを求めているのは、不適切な目的を持っている人である。自己疎外された人である。欠乏動機の人である。

欠乏動機で動いている人は、適切な目的がない。そこで生きがいを求めるのはよく分かる。

しかし生きがいは飴玉ではない。「ちょうだい、ちょうだい」と言ってもらうものではない。

生きがいのある仕事を探すのはいいが、まず自分の目的を状況に応じて変えるだけの柔軟性がなければ、どんな仕事をしても生きがいは持てない。

まず自分の立場を理解しなければ、適切な目的はあり得ない。そして状況に応じて目的を変える柔軟性が必要である。

異性の知人が、知人であるという立場を忘れて、恋人のようにして振る舞う。相手に何かをしても、それは必ずしも相手にとってうれしいことではない。

心の葛藤を解決するための「こうなりたいという目的」がある。

そういう人は、最初に「エベレストに登頂したい」という名誉が来る。「登山が好きだ」が先に来ない。

心理的健康な人は、好きなことだから努力する。

心の葛藤を解決するための目的を持っている人は、目的が最初だから努力しない。

本来目的とは、現在の行動をより充実させるための目的である。それは当然適切な目的になる。そういう人は目的が具体的である。

好きな人との人間関係を形成する。そうするとその後もその関係を維持するために努力する。それは辛い努力ではない。楽しい努力である。

劣等感から、ある人と恋に落ちる。不適切な人との恋であるとする。

そういう場合には、その恋人を周囲の人に誇示することに努力の焦点が行く。

アーロン・ベックはうつ病の動機の特徴として積極的動機の欠如ということをあげている。

積極的動機を持っていない人にとっては、大人の仕事は辛い。

うつ病者の動機は「退行」である。

うつ病者は「生きることが辛い」と思っている。しかし生きることが辛いわけではない。

生きるという事実を辛いものにしているのは、自分の中にある退行欲求である。

アメリカ・インディアンは生きることそのことが楽しいという。うつ病者はその逆である。

不安からある行動にすがる人もいる。ある若者は気が変になったように応援部に打ち込んだ。応援部に救いを求めていた。応援部にすがっていた。

そして貧血で倒れた。

それから何かに対する恐怖感から彼は自閉的になり退部した。

適しているものがあるとか適しているものがないとか言う前に、自分のパーソナリティーを健康にすることが重要である。

幸い彼の場合にはそれに気がついて回復した。

彼が回復したのには三つの理由があると私は思った。

まず自分に気がついて、それを認めたこと。ふりをしていた私、甘えていた私、利己主義だった私、依存心の強い私、それに気がつきましたという。

第二に焦らないこと。急に変えることはできないにしても「私らしく生きる」ように努力すると彼は言った。

生きている内に、少しずつ。勘違いした期間と同じくらいの時間が必要。

まだやれる気がする。これが最後の彼の気持ちであった。

第三は自分の資源を使おうとしたこと。親には恵まれなかったが、走る体力をもらった。そう言った心の姿勢である。彼は「親には恵まれなかった」という不幸を受け入れた。

そして不幸を受け入れた人には、感謝の念がある。不幸を受け入れることが柔軟性に富んだ心である。こうした気持ちがいい人間関係をつくっていく。

最後に彼は自分を裏切らなかった。「好きなことでなければダメ」と言った。

「こうあってほしい」理想像にしがみつく不幸

成功の末に自殺したデモステネスは演説そのものに生きがいはない。うつ病者と同じである。

彼が何より望んだのは人からの尊敬であった。彼が何よりも渇望したのは人からの賞賛であった。

そしてその自分の欲しい「賞賛」を手に入れるためには自分は「こう」でなければならないという「理想の自我像」にしがみついた。それは不適切な目的である。

その不適切な目的にしがみついている心理状態を「自分が自分を受け入れることができ

ない」と表現するのである。

あまりにも不適切な目的への願望が強いので、実際の自分を認めることができない。

よく親が娘の結婚に反対して、娘がすでに結婚してもそれを認めないということがある。

この状態を考えてみると分かる。「娘にはこんな人と結婚してもらいたい」という願いが強すぎて実際に結婚する相手を認められない。

実際の自分を受け入れることを拒否した人は幸せになることを拒否した人である。

幸せになるためには、実際の自分がどのような自分であるかということが問題なのではなく、まずその自分を自分がそのまま認めるかどうかということである。

難聴に苦しんでいる子がいた。

彼は、家ではいつも明るく陽気でいなければならない。悩み事を相談することさえ許されない。愚痴を言うことは許されない。

聞き返すことさえ嫌がられ、「私は訳も分からず皆にあわせて笑ったりしなくてはなりません」と言う。

彼は人から話しかけられることを極度に恐れた。

「我が家では聞き返すと無視される、睨《にら》まれることは当たり前のことでした」と言う。

大学へ入る健康診断で、耳は「異常なし」と書かれた。父親が知り合いの医師に書いてもらった。

授業が聞こえない。そのことを誰にも言えない。教授にも言えない。

両親は自分の子どもが「こうあってほしい」という願望が強すぎて、子どもが難聴者だとは認めなかった。

適切な目的を持つためには、現実にコミットする心理的健康が必要である。


ある高齢のうつ病者である。

彼の行動はすべて人に見せるためのものであった。人に見せるための温かさ、人に見せるための家庭、人に見せるための自信、人に見せるための愛情、人に見せるためのゆとり、人に見せるための勉強、人に見せるための仕事、人に見せるための息子、人に見せるための家、人に見せるためのお金、全てが人に自分の価値を証明して見せるためのものであった。

そして人に見せるための行動をとるために、実際の自分の才能や幸福や可能性はすべて犠牲にされた。

もし彼が「実際の自分」を受け入れていたら、彼の可能性はこの世の中で開花し、子ども達ももっと幸せな人生を送っていたかもしれない。

たとえば彼が政治家になっていたら彼の潜在的可能性は見事に開花していたかもしれない。彼は大学教授になったが正直のところ教育研究で見るべき成果は全くない。教育研究に関心があって大学教授になったわけではない。

私が見る限り彼が政治家にならなかったのには二つ理由がある。

一つは政治家である祖父に対する反発。

もう一つは落選への虞。「失敗しても自分は自分、成功しても自分は自分」という自信がなかった。

彼は自己実現に努力するのではなく、自分を偉く見せるためにすべてのエネルギーを消費した。

その結果、すべての人から尊敬を得ることに失敗した。「人からの賞賛」を得ることを目的にして生きたがために、彼の自己実現はすべて犠牲にされた。

家庭もまた「人からの賞賛」を得るためのものであった。「素晴らしい家庭、素晴らしい家族」と人から言われるための家庭であり、家族であった。

そのために過剰な虚偽の愛情で家族は窒息し、ほとんどの子どもは神経症へと追い込まれた。

この人の人生は次のような人の人生と似ている。

その子は手が震える癖がある。

朝起きた瞬間から心臓がドキドキして、なんとなく怖い。

持っている箸がガタガタ震えている。左足がピクピクする。右手が震える。

震えているのを見られないように、見られないようにする。

人見知りが激しく、親戚が来ると押し入れの中に入っていた。

この人達の人生は「できないこともできる」と言ってしまって、不安な緊張に苦しんでいる人生である。

自分にとっての「最高」ではなく「最善」を選べ

劣等感が深刻であれば深刻であるほど、非現実的に高い望みを持つ。

適切な目的の努力は報われるが、適切な目的ではない場合、努力が報われない。

適切な目的ではない場合には自分の位置を間違っている。そこがその人の努力をする場所ではない。さらに進む方向が間違っている。

無理をしてある会社に入っても、トラブルは待っている。

人には必ずその人が働くに適した会社がある。

適切な目的ではない箇所で頑張る人は、最高と最善が分かっていない。


燃え尽きる人は、すぐに一般的な最高を自分にとって最も望ましいことと考えてしまう。しかし「自分にとっての最高とは何か」を考えることができる人が柔軟な人である。自分にとっての最高と一般的な意味での最高とは違う。

私は自分にとっての最高を最善と呼んでいる。

アメリカにいたときにアメリカの高校の入試を調べたことがあった。様々な高校に行った。そのときに高校の選択に「自分にとっての最善」という観点から動いている何人かの高校生に出会った。

アメリカの高校でフィリップスアカデミーという名門中の名門高校がある。その難関に入学した高校生が次の年にミドルセックススクールに替わった。ミドルセックススクールはフィリップスアカデミーから車で約一時間のところにある。

ミドルセックススクールは良い学校ではあるが、フィリップスアカデミーに比べて世間的なランクははるかに落ちる。しかし彼は「私にはこちらの高校が合っている」と言った。

「自分にとっての最善」という観点からすればミドルセックススクールだと彼は言うので

ある。

ここでは先生が生徒一人一人の個性を温かく育てようとしている、ここはあまり競争的ではないと彼は言う。そして「私はあまり競争するのが好きではない」と彼は言った。

世間的評価という観点からすればどう考えてもフィリップスアカデミーの方が高い。ブッシュ大統領もそこを卒業している。しかし彼にとって大切なのは世間の評価ではない、生きているのはこの私なのだという観点である。

こういう子の努力は常に報われるに違いない。日本の親子に欠けているのは、この「自分にとっての最高は何か？」という観点である。最高と最善とは違う。

先にも書いたように適切な目的とは最高ではなく、最善である。自分にとっての最高が最善である。

私は『名言は人生を拓く』（注43）という本を訳した。そこに「毎日腕立て伏せを百回すること。朝五十回、夜五十回」というのがあった。このこと自体は間違ってはいないだろう。もし朝五十回、夜五十回できればあなたの体に気を入れるかもしれない。

しかしもしこれを自分の体力に合わせないでそのまま実行したらどうなるか。人生を拓くどころか、人生の可能性を閉じてしまうことだってある。

自分の体力に合わせてすること。自己不在な人は目安がないと「やった！」という実感がない。そこで無理に百等という数字に固執したりする。

どのような動機で行動するか

問題は「なぜ自分は適切な目的が持てないのか？」ということである。

「猿の水練魚《すいれんうお》の木登り」で、仕事をしている人がいる。そういう人にとっての目的は、適切な目的とはならない。不適切な目的である。

なぜそうなるか？　歪んだ価値観を持っているからである。魚は木登りの方が泳ぐより価値があるという歪んだ価値観を持っている。

魚は人から「木に登れ」と言われたときに「私は猿ではありません」と言えなかった。徒競走で一番になるとほめてもらえるし、ビリになるとほめてもらえない。こうした日々のことの積み重ねで歪んだ価値観ができる。

仕事に生きがいがあるとかないとかいう議論をするが、その人にとってそれが適切な目的であるかどうかには関心が行かない。

不適切な目的であれば、どんなに頑張っても幸せを感じることはできない。

面白い統計がある。日米の大学生の初めてあるバイトをしたときの感想である。

日本の大学生の五〇%以上が労働の辛さを訴えている。アメリカの大学生の場合には、反対に五〇%以上が労働の面白さを感じたとしている。(注44)

車がないから車を運転していない人と、車はあるのだけれども運転できないから車を運転していない人といる。

車を運転していないということは同じであるが、「なぜ車を運転していないか」という原因は全く違う。

同じことで仕事や人間関係や勉強についても言える。適切な目的が持てないという人がいる。

仕事そのものが生きがいのない仕事である場合と、その人が仕事そのものに生きがいを感じられないパーソナリティーである場合とある。

仕事に生きがいがないという場合にどちらであるか、それを理解することは大切である。

そもそも、その人が生きがいを感じることができないのに、仕事がつまらないと言って仕事を次々に変えたりしていても生きがいのある仕事が見つかることはない。

どんな仕事にも生きがいを感じない人がいるということを忘れてはならない。

恋人が見つからないというときに、たまたまその人にあった人が見つからないという場合と、どの人と出会っても恋愛ができないという場合と二つある。

たまたま良い縁がない人と、縁がないのではなくその人自身に問題がある場合と二つある。

もし人生の困難に直面しないなら、その人は十分には満足しているように見える。

しかしよく観察してみれば、つまり言葉ではなく態度で見ると、彼が劣等感を持っているということが分かる。

このようなコンプレックスに苦しむ人は、自己中心性から自分が自分に課した重荷からの救済を常に求める。(注45)

「自分が自分に課した重荷」、それに気がつかない人が多い。日本語にも、自分で自分の首を絞めているという言葉がある。

自分が勝手につくった誇大な自我のイメージに、苦しんでいる。自分が勝手につくった不適切な目的に苦しんでいる。

自分が自分を受け入れていないのであって、周囲の人がその人を受け入れていないのではない場合がある。

自分が自分を拒否しているのであって、周囲の人がその人を拒否しているのではない。

劣等感とは意外なところに原因がある。それに気がつかないでいると、いつになっても劣等感は解消しない。

仕事で劣等感を持っている人がいる。しかしその原因が、今まで仕事以外の人生すべてにおいて困難から逃げてきたことであったりする。

仲間と協力することであれ、結婚生活であれ、何をするにしても自分の責任を果たそうとすれば困難は避けられない。

困難と戦ってこそ自己実現する。「艱難《かんなん》、汝《なんじ》を玉《たま》にす」という格言がある。

「体が悪い」というウソの診断をしてもらい就職しなかった人がいた。

政治家になりたいのだけれども、落選が怖くて選挙に立候補しない人がいた。本当は政治に関心があるのに「政治は下らない」と言った。

こうして自分の逃げの態度を合理化に合理化を重ねて生きてきた人がる。

大学も好きな学科ではなく、有名大学だけれども入りやすい学科に入学した。

常に穴を狙うような生き方である。

立派な家に住んでいたけれども親の遺産である。

その逃げた生き方の結果が劣等感である。

そうなると人を批判しないではいられない。

それは劣等感を隠すための批判であり、偽の優越感である。

小さい頃からの逃げた生き方のツケが劣等感であり、偽の優越感である。

「自分に重心」があればラクに生きられる

適切な目的の条件は自分に重心があることである。

人によく思ってもらいたいと思ってすることは適切な目的とは無関係である。

そのような仕事はどんなに真面目に努力しても適切な目的とはならない。

有名大学を出て、エリート・コースを進んで、「死にたいほど」悩んでいる人がいた。

彼は「なぜ」と考えた。そして次のように分かった。

自分は人にほめられることを目的に生きていたからだ、不適切な目的を持って生きてきたからだと分かった。

このような生き方になってしまうのは、いろいろな原因がある。ある人は次のように語った。

父親は酒を飲めば、ただ「一番になれ」と私の成績が上がることばかり楽しみにしていたようでした。

人はそれぞれの運命をになって生まれてくる。それを正しく背負って生きる。そのために過去と正面から向き合う。


実存的欲求不満の人が仕事をする、あるいは受験勉強をする。そういう人は途中まで成功する可能性はあるが最後は燃え尽きる可能性は高い。

成功しなければ自己憎悪に苦しむ。

もともと実存的空白なのだから、そこを埋めようとするのが仕事であり、受験勉強である。

それへの挫折は実存的空白にその人を直面させる。先の応援部の若者である。彼はそれを認めて乗り越えた。

乗り越えられない人の中にはワーカホリックになったり、アルコール依存症になったりする。あるいは広範な無気力状態になる。

人は燃え尽きると「仕事で、勉強で、人間関係で」燃え尽きたと言う。しかし必ずしもそれらのことで燃え尽きたわけではない。

燃え尽きる人の根底には実存的欲求不満がある。

一生懸命だったけど、周りの人からほめられたい、優越感を持ちたい。そればかり。華やかな仕事に憧れた、華やかな恋に憧れた、華やかな大学に憧れた等々。

そうした態度が長く続くと、自分が自分で分からなくなりだす。無意識に自分で自分に嫌気がさす。

人は、同じことをしていても苦しさは人によって違う。

話したいことがあって講義をしている教授と、それがなくて講義をしている教授では、講義の辛さは全く違う。

話したいことがあって講義をしている教授にとって講義は楽しいが、それがない教授にとって講義は辛い。

講義そのものが楽しいわけでもなく、辛いわけでもない。どのような動機で講義をするかで、労働の大変さは違ってくる。

同じ困難な仕事をするのにも、その困難度は動機によって違う。

自分の力を試してみようというような前向きの動機で取り組む人と、「嫌だなー」と思いながらしかたなく取り組む人では、同じ仕事でも困難度は全く違う。

同じ仕事をしていても前者の方がはるかに仕事は容易である。

もともと生きることに意味を感じている人が仕事を始めるのと、生きることに意味を見失っている人が、仕事に生きがいを見いだそうと仕事を始めるのでは違う。

後者の人は燃え尽き症候群の人になる可能性が高い。それは仕事に逃げているからである。

仕事で意味を感じなければ生きる意味を見失う。

仕事をしているときも、失敗しはしないかという恐怖感がある。土台は無意味感である。

会社で同じように「会議室のお茶を片づける」仕事をするのでも、人に知らせ、ほめられたいためにする人と、自分を磨くためにする人とがいる。

要するに深刻な劣等感があったり、実存的欲求不満に苦しんでいる人は、適切な目的を持てない。どうしても生き方がバランスを欠いてしまう。

そこで「私は、長いこと自分を裏切って生きてきた」と認める人と、認めない人の違いが出てくる。

長いこと実存的欲求不満で生きてくると、何か大きなことをしたい。「俺は世界を相手に大きな仕事をする」などと言う若者はたいてい、「本来の自分」を裏切り続けた臆病者で、実存的欲求不満の塊である。

周りの人から見れば「彼の計画はあまりにも大きすぎる」のである。自分の限界を考えない。自分の能力を過大評価する。口だけで何もしないか、失敗するかどちらかである。

これは現実無視の強迫的名声追求の特徴である。

なぜそうなるか？

それは社会的に成功することで人生の問題を解決しようとしているからである。その仕事そのものをすることが目的ではない。その仕事で成功して、人生の諸問題を解決できると思っているからである。だから自分の能力を考えないで、それをしようとしてしまう。

友人からバカにされ、いじめられた。恋人に振られた。親に認めてもらいたい。第一志望の大学に落ちた。どうしても希望する職種の仕事に就けない。そうして劣等感に苦しんでいる。

いろいろな屈辱感を味わった。その結果周囲の人を見返したいという気持ちが日々強くなった。復讐心は気がつかないうちに心の中で巨大な化けものになっていた。

その巨大な化けものに比例するように成功への願望も強くなった。

そして「現実の自分」を無視して、強迫的に名声を追求するようになった。

カレン・ホルナイの言葉を使わせてもらえば、自己拡張型解決である。

しかし現実無視はアイデンティティーの確立がされていない証拠である。

現実無視は健康な人間関係を壊す。そして孤独になる。無気力になる。

高校卒業してから何をやればいいか分からず、「仕事に就いて規則正しい生活をするのが嫌」と言っていた若者がいた。

そして「生きていること」よりも「死ぬこと」に関心が行く。

母親が病弱で、寝ている姿を見ると、じっと見つめていました。死んでいるかもしれないと。

フロムの言葉を借りれば、バイオフィラスよりもネクロフィラスである。

神経症者は、どうしても適切な目的を持てない。見返したいという気持ちが強く、栄光への意志は強い。

意志は蓄積された感情に従う。視野の狭い人は、無意識に蓄積された感情に支配されているのである。

自己疎外された人の意志は蓄積された感情に従う。

そしてどんどん自己疎外されていく。

第5章

こんな働き方が、あなたの生きがいを創る

——悩んだとき答えを導く判断基準とは

基準1　自分の内から出た目的かどうか

親から愛されたい欲求の欠乏

適切な目的かどうかを判断する基準は何か。

それは次の三つである。

まず人から与えられた目的かどうか。人から期待されたことかどうか。自分の内から出た目的かどうか。

マズローは神経症は欠乏の病だという。つまり神経症者は基本的欲求が満たされていないということである。

基本的欲求とはたとえば具体的には、神経症的傾向の強い親から愛されていない等ということである。

ここで大切なのは、本人は基本的欲求が満たされていないという自覚がないことと、自覚があること二つあるということである。

基本的欲求が満たされていないという不満は、無意識にあることが多い。

その意識されていない欲求不満を満たそうとしているのが、神経症者の目的である。たとえば、その目的を実現することで親から愛されようとすることである。

だから不適切な目的でも目的を変えることができない。

その人にとって、その目的自身が重要なら、状況に応じて自分の能力や適性にふさわしい目的に変えられる。

しかしその目的自身が本人にとっては大切なものではなく、基本的欲求不満をどう満たすかが重要なことである場合には、目的を変えられない。

もし今の目的を変更したら、基本的欲求不満は満足されない。たとえば権威主義的な親からほめられない。そうなれば目的は変えられない。

もし何か別の方法で基本的欲求不満が解決できるなら、すぐにそちらに変更するだろう。

幸せな人の共通性として、適切な目的を持っているというのは考えてみれば当たり前と言えば、当たり前のことである。

ニューヨークで活躍しながら数々の精神医学的名著を書いているジョージ・ウェインバーグは神経症的な人は次の三つがいずれもできないという。

1　妨害に打ち勝とうとする努力の強化

2　新しい物の見方

3　目的を変えること

つまり神経症は何かあっても適切な目的に変えることがなかなかできない。つまずきを乗り越えられない。

ある大学に入学することを祖母から期待された、親から期待されたなど、外から与えられたものは多くの場合適切な目的ではない。

母親から「私の夢と希望は、娘が結婚すること」と言われ続けてとにかく早く結婚しようとしている女性がいる。母親は支配的、過干渉で「私の言う通りしていれば間違いない」といつも言っている。

もちろん逆もある。母親は小さい頃から「男はダメだ」と言い続けてきました、という女性もいる。

あるいは別の女性は、とにかく学校の成績が良いことを小さい頃から母親から求められた。

母親は姉を小馬鹿にしていた。「あなたはお利口で、お姉ちゃんなんかはとても及ばない」というのが母親の口癖だった。

このようにある子どもをひいきして他の子どもをいじめることは、欲求不満な母親によくある。「姉は呼び捨て、私は〇〇チャン」と言われていた。彼女は家のどこにいても息が抜けない、身の置き場所がないと言う。

そして彼女はどうなったか。

道ですれ違う人全部に石をぶつけてやりたい。

「支援」と「支配」のちょっとした差

時に内からの目的と一致するが、それは期待する側が、子どもの適性を見て、それを実現させようとして与えている。つまり「外側から与えられた」というのは形式的なことであり、実質的には内から出た目的である。

つまり周囲の人は、その人をサポートしたのである。支配したのではない。

こうした場合には周囲の人が情緒的に成熟した人々である。愛する能力を持った人の場合である。そういう場合は、本人は気がついてみたら、そのことを目的にしていたというのが、内から出た目的である。

そういう場合は、その目的が、その人にとって自然である。無理をしていない。

内から出た目的と外から与えられた目的が一致していない場合には、外からはサポートではなく、コントロールである。

ことに外の人が、情緒的未成熟で、自分の心の葛藤を子どもの成功で解決しようとしている場合には、サポートではなく、コントロールである。

人生に対する正しい態度とは適切な目的を持っていることであり、目的を間違えないことである。

目標を間違えない。それには自分の位置が分かっていることが必要である。

しかし周囲の人が情緒的未成熟な場合には、その人の適性が無視されたり、過剰な期待をかけられたりするから、その人は自分の位置が分からなくなっている。

内から出た目的というのは、自分を受け入れている人の期待である。したがって「完全であるべき」という基準を持たない。

自分はこういう環境で育った、したがってこういう弱点を持っている。そういう自分が理解できているときに適切な目的を持てる。

したがって自分の運動能力を無視してオリンピックを目指さない。自分の運動能力を無視してオリンピックを目指す人が、自分の位置が分かっていない人である。

燃え尽きる人は自分の位置が分かっていない。だから頑張って燃え尽きる。

もちろん燃え尽きる前に、絶望している人もいる。適切な目的を「持つ、持たない」の以前の問題である。

ある絶望した女性である。

父親は男の子を持って、野球選手にするのが夢でした。私が女の子なので生まれたときは、病院にも来ませんでした。人形一つ買ってもらえません。私は親の期待を裏切って生まれました。それなのに、子どもは神さまのように完全主義で育てられました。

小さい頃、夜恐くて泣いた。隣の部屋にいた父親が、「泣くやつは出ていけ」と言った。

彼女は若い頃、包丁で首を切る。

結婚して夫に父親を求めた。しかし上手くいかなかった。彼女は夫に守ってくれる場所を求めたのである。

こうした人はどう生きていけばよいのか？

彼女に必要なのは「断念」である。シーベリーの言うように「不幸を受け入れる」ことで、自分のすることが見えてくる。

だから失敗を恐れない

自分の内から出た目的の場合には、失敗の恐れはほとんどない。そして目的を達成できないときには、自分で目的を調整する。

自分の内から出た目的だから失敗しても成功しても、充足感、達成感がもたらされる。だから形式的な失敗は、心の痛手とはならない。

自分の内から出た目的の場合には成功か失敗かにかかわらず充足感はある。

人から課せられた目的の場合には、目的の調整ができない。失敗は心の傷となる。そこで失敗の恐れは大きい。

失敗が充足感をもたらさないときに、失敗する恐れは大きくなる。そして成功しても充足感はない。

目的が「他人から課された目的か、自分の内から出た目的か」の違いは大きい。

失敗を恐れる人とは、自分自身の目的を持ったことがない人のことである。自分自身の意志を持ったことがない。

失敗を恐れる人は、他人が設定した目的に向かって一生懸命生きてきた。

あるいはそんなものは超越している「ふり」をして生きてきた。悟っていないのに、悟っている「ふり」をして生きてきた。

だから失敗が怖い。自己実現を目的に生きている人と、人から見た成功を目的にして生きている人では、失敗の恐れは全く違う。

自分への期待が高すぎるのは親からの呪縛

自分の内から出た目的の場合は適切な目的であることが多いが、自分に対する非現実的なほど高い期待は親からの期待であることが多い。

そういう場合には、エネルギッシュに見えても不安からの行動だから、自己実現の行動ではないことが多い。

燃え尽きる人は弱点を隠すのが上手いとフロイデンバーガーは言う。さらに弱点を認められない。

興味と関心で動いている人は、それほど弱点にこだわらない。

そもそも興味と関心で動いている人は、非現実的なほど高い期待を自分にかけない。もっと地に足のついた生き方になる。

今、非現実的なほど高い期待を持って苦しんでいるなら、その非現実的なほど高い期待は、精神的に異常な人から押しつけられたものであることをしっかりと自覚する必要がある。

自分が、サディストの奴隷であることを自覚する。あるいはサイコパス（精神病質者）の奴隷であることを自覚する。

自分が考えている理想は、本当の理想でも何でもない。単にアブノーマルというだけである。むしろサイコパスを神様と思っていた過去の自分を反省する。

多少極端な例をあげれば、自分の親がサディストであったかどうかを見極める。親がサディストであるなら、適切な目的を持つことは不可能である。

何よりも他人に振りまわされない。

入社したばかりの商社マン。典型的なナルシシストで悩んでいる。イライラしていつも不機嫌。

父親は高校の教師。教え子と彼を比較し、彼の方が劣っていることを話題にして父親は満足気でしたと言う。

次のような話を延々とした。

「お前は身長何センチだ?」と父親が聞く。そして「俺のクラスには一八〇センチ以上の生徒が何人もいる」と言って満足気でした。そのときの笑顔は、得意気でした。

他にも数え切れないほどの不快なことがありました。

父親は僕が不満なときほど機嫌がいい。何かを達成すると機嫌が悪い。

母親もうるさかった。毎日、毎日次のように言った。「お母さんはあなたを賢くなるために産んだんだよ、偉くなって欲しくて産んだんだよ」。

行きたくない家族旅行に連れて行かれて母親は言った。

「この子は何で楽しそうにせえへんのやろ、せっかく連れてきてあげているのに」

父親は自我の未確立で、息子の成長を恐れていた。息子は去勢恐怖で、心理的成長に挫折した。

母親に、「お母さんはあなたを賢くなるために産んだんだよ、偉くなって欲しくて産んだんだよ」と言われ続けたら、まともに成長できるはずがない。

基準2　自発的な努力かどうか

「内なる興味」で行動していますか

第二にその目的達成への努力が、神経症的努力か、自発的努力かである。

今、「第二に」と書いたが、第一と第二は深く関係している。同じことを違った側面から言っている。

自分の自己の内なる興味で動いている人は、自発的努力をする。

「名声に対する健全な努力と神経症的名声追求の努力の違いは自発的か強迫的かにある。(注46)」

自己実現している人は現実の願望を持つ。

ローンで家を建てる。給料を使う目的があるから、現実的になる。

自己実現をしている人は、苦しくても努力すれば手に入る目的を持っている。つまりこれが適切な目的の意味である。

自分の心の葛藤を解決するためには、自分はもっと能力がなければならない、もっと美人でなければならない、もっと体力がなければならない等々、次々に自分への要求が出てくる。それが自分への非現実的な要求と言われるものである。

心理的に健康な人から見ると、なんでそのように非現実的なほど高い期待を自分にかけて、自分を苦しめるのかと不思議である。

彼らは自分への要求水準を下げられない。それは彼らがその非現実的なほど高い期待によって自分の心の葛藤を解決しようとしているからである。彼らの心の葛藤が解決されれば、人に言われなくても自分への期待は現実的なものに下げられる。

心理的葛藤の深刻な彼らは当然不安である。その不安から自分を守る手段が理想的自我像の現実化である。つまり不適切な目的の現実化である。

だからこそ自己実現にエネルギーが向かないで、理想的自我像を実現することにエネルギーが使われる。

神経症者は自己実現のエネルギーを理想の自我像実現にシフトするとカレン・ホルナイ

は言う。(注47) そしてこの方向変換が全人格に影響を及ぼすと言う。

別の言い方をすれば、神経症者は適切な目的実現のエネルギーを不適切な目的実現にシフトするということである。

神経症者は神経症的要求がかなえられなくて慢性的に不満になっている。こういう人は自分の環境の中で恵まれている部分には意識が行かない。

給料が安くて、忙しいけれどもやりがいのある仕事というものがある。そんなとき慢性的に不満な人は給料が安いということにばかり意識が行く。

慢性的に不満な人はトータルに物事を見られない。

そして、ただただひたすらに求める。

「生きることに疲れた原因が分からないときは、どうしたらよいのか？」

「今、自分が抱えている一番の問題は、意欲がないこと。どうしたら意欲が湧いてくるのか？」

「今、何をしても『楽しい』『面白い』と感じられないのだが、心を回復させるのにはどうしたらよいのか？」

先にも書いたように「どうしたらよいのか？」と聞く人は自分が変わることを拒否している人である。

そういう人は自分の生きるエネルギーの方向を変えれば全て解決する。しかし生きるエネルギーの方向を変えることを拒否して「どうしたらよいのか？」と言う。

さらに「どうしたら上手に人間関係を築いていくことができるのか？」と聞く。

先にも書いたように「この方向変換が全人格に影響を及ぼす」。

つまり生きるエネルギーの方向を変えれば、全人格が変わりはじめ、努力すれば次第に良い人間関係が築いて行かれる。

もちろん彼らは言う。「どうしたら生きるエネルギーの方向を変えられますか？」。

そういう人達は「なぜ自分はこれほどまでに悩みにしがみついていなければ生きていけないのか？」を考えることである。

こういう人達は三度の食事よりも悩みがなければ生きていけない。それは心の底のそのまた底にある憎しみがあるからである。これを認めなければ先はない。

『メンタル・タフネス』の著者はメンタル・タフネスの要素は、願いと忍耐と態度だという。(注48)

まず自分がそれを望まなければことは始まらない。しかしどんなに願ってもそれにふさわしい努力をしなければ目的は達成しない。また努力をしているだけでも願いは叶わない。態度である。

態度は素直さである。素直さの中心的要素は、妬みがないことである。突っ張る人の態度は実を結ばない。

この素直な態度こそ人のポテンシャルを引き出すものである。

この素直な態度が悪いと、どのような職業についても、そこに適切な目的はない。

今書いた、悩んでいる人達に欠けているのは、まさに「素直な態度」である。

もちろん自己実現のエネルギーが不健全な方向にシフトしてしまうのは強迫的名声追求だけではない。親への直接的な反発にエネルギーがシフトしてしまう人もいる。

ある人は次のように言う。

私は親への反発から。本屋によっては欲しくもない本を盗み、文房具屋に行ってはすでに持っている定規を万引きしたりした。

そこで母親が号泣する。母親はなんと言ったか？

父親の出世に響く。

彼は万引きという形で愛されないことに反発したのである。隠された真の動機は、病んだ愛情飢餓感である。

強迫的名声追求のエネルギーも本質的には、これと同じである。

仕事も恋も一目惚れはダメ。

時間をかけて好きになったものが本物である。

仕事で一目惚れをしたときには、実は仕事そのものが好きになったというよりも、自分の虚栄心が仕事で満たされたときである。

神経症的努力とは、その目的を達成することが、相手に気に入られるためということである。相手から受け入れてもらうためかどうかが神経症的な努力か自発的努力かということである。

判断の基準は努力の動機であり、努力の目的である。

次は情緒的成熟の失敗を世俗的成功で償おうとしている場合は強迫的努力である。だから飽くなき名声追求となり、最後は挫折する。

小さい頃に様々な屈辱を味わった。そこで努力の目的が世の中を見返すことになる。

そういう人は感情のブレーキが切れたときは暴走する。

この強迫的努力をする神経症の人は自分の人生に、内から出た目的がない。好きな人もいない。花も木もない道を歩いているような無味乾燥な人生である。

お金持ちの娘と三十歳で失恋して、その人への執着でお金をためる男はどんなにお金持ちになっても不幸である。お金をためることは解決にならない。その女への執着が断ち切れたときに、未解決の問題が解決したと言える。

自分にはまだ心理的に未解決な問題があるという自覚がないと、自分の自己執着に気がつかない。

結果ではなく過程に目を向ける大切さ

自発的努力とは、人に認めてもらうための努力ではなく、不安からの努力でもない。自分がしたいからする努力である。自己実現のための努力である。

その結果、神経症的努力では結果が大切になり、自発的努力では過程が大切になる。

結果が大切だと、現実の自分を無視する可能性が高い。

「真の過程志向とは、あらゆる結果の前には過程があると意識することも意味する。(注49)」

結果だけに目を奪われてしまうことの日常的心理的現象の第一は、妬み深くなることである。

いきなり横綱になれない。それなのに横綱になった人を妬む。

妬んでいる人はたいてい結果しか目に入っていない。その結果を手に入れるためにその人がどれほど努力したかは考えない。

したがって自分が今適切な目的を持って努力しているかどうかを判断する基準は、妬みを持っているかどうかである。妬みとは受け身的攻撃性である。

自分は深刻な劣等感に苦しんでいると思えば、適切な目的を持っていないのではないかと考えてみる必要がある。劣等感やストレスに苦しみ、妬み深ければ、「私は不適切な目的を持っているのではないか」と考えてみる必要がある。

そしてこの深刻な劣等感は、どのような人間関係の中で持つようになったかを考える。ここが大切なところである。

別の言葉で言うと、退行欲求からの努力か、成長欲求からの努力かである。

成長欲求からの努力であれば、自発的努力である。その過程で努力は厳しいけど、充実感を味わっている。飽きない。

目的達成に成功しても失敗しても、充実感を味わっている。

退行欲求からの努力は不安と恐怖からの努力である。結果が大切になりストレスに苦しめられる。

マズローの言う疑似自己で生きている。自己疎外された人になっている。

目的達成に成功しても失敗しても、自分に絶望している。幸せではない。

そういう人は全部が不安と恐怖感である。左に行っても右に行っても恐怖感。

そこでエリート目指してさらに頑張る。人が劣っていると見れば、安心する。自分より優れていると分かれば不安になる。

そして最後は挫折。

自己疎外された人が頑張る。成果が上がっても心はいよいよ病んでいく。

エリート・コースでなく、自分で何か事業を起こすのでも同じである。当然失敗につぐ失敗になる。度重なる挫折は彼の虚栄心を打ち砕く。彼の心の中は自己憎悪と自己蔑視で埋め尽くされる。(注50)

そして自発的努力では起こりえない心の病に陥る。

強迫的な努力の場合には目的が非現実的になる。

「他人と比べてはいけない」の落とし穴

もう一つある。それは他人との比較である。

劣等感から他人と自分を比較することが自分を不幸にする。無力感に悩まされている人は力と優越への強い願望を持つ。そのような人が今まで書いてきた比較人間である。問題は比較そのものではなく、比較の動機である。

そして実は劣等感から自分と他人とを比較しないときに初めて比較の対象を間違えないのである。

先に書いたように「比較の対象を現実的かつ賢く選ぶことができる」。

まさに自分が初心者なら、初心者と比較する。オリンピックの優勝者や、中級者と比較したりはしない。比較の対象を間違えている人は自分の内面を反省してみることである。

ここにシーベリーの比較を戒める言葉を挙げておく。

「松の木はその枝を伸ばそうとします。樫の木と張り合おうとしているわけではない。自分の歌を歌う詩人になりなさい。自分の色を持った画家になりなさい。自分自身でありえないのなら悪魔になった方がましである。なぜこうも終始心配ごとで心を煩わせていなければならないのか。それは自分であることを放棄したから。私は私であらねばならない。私はこれ以上貴方のために自分を消耗させない。もし貴方があるがままの私を愛せるなら、私はもっと幸せになるだろう。[注51]」

これらの言葉を自分で書いて机の前にでも貼っておくことである。あるいは鏡の前に貼っておいて毎朝顔を洗うときにそれを口に出して言ってみることである。

私達は毎日私達を蔑む人に出会う可能性がある。するとそれに傷ついて自分の適性を無視してその人に勝とうとする。そのときにこれらの言葉を思い出すことである。

自分と他人とを比較してはいけないという問題は、また自分にふさわしい目標を持つということにも通じる。

自分自身に適した目標を持って生きることである。マラソンでオリンピックで優勝することを目標にするのが適している人もいれば、完走することを目標にするのが適した人もいるし、その十分の一の距離を走ることを目標にするのが適した人もいる。

あくまでも自分の人生の目標なのである。自分自身の人生を生きるということをはっきりと自覚している人は比較の対象を間違えない。

自分自身を発見した人は、他人に優越することばかり考えている世界一のお金持ちより豊かである。

自分自身を発見した人は、やたらに他人を羨ましがらない。自分自身を発見した人は、他人と自分をすぐに比較しない。自分自身を発見した人は、自分を犠牲にして名誉を求めない。自分自身を発見した人は、簡単に傷つかない。


『メランコリー』という本の中でテレンバッハがアーブラハムの説を引用した箇所がある。

「患者の中には、真の抑鬱状態が始まる前に、職業生活その他の分野でひときわ活動的であるような人がいる。

そういった人は、自分が本来の目的に用いえないリビドーを——しばしば無理やりに昇華しているのであって、それによって内心の葛藤から眼をそらし、意識に進入しようとする抑鬱気分を防いでいる。

この防衛は実に長い期間にわたって成功することがしばしばある。しかし、それは決して完全には成功しない。リビドーに関するある一定の決断を要求するような状況が生じると、かろうじて保たれていた精神的な均衡がたちまち失われてしまう。(注52)」

たとえばある重要な選択をしなければならないというようなときである。またあることを諦めなければならないというようなときである。

学校を卒業して就職の選択をする、転職の決断、結婚の決断、離婚の決断、いろいろとある。

今までモラトリアム人間で生きてきた人がいるとする。彼は何歳になっても自分の人生を選択できない。私はこうして生きるという自己限定ができない。全ての可能性を諦めきれないでいる。

あるところに就職を決めながらその職業の人になりきれない。自分の本質はどこか違うところにあると思わないでは生きていかれない人もいる。結婚できない人の中に、異性を一人に決めてしまうことができない人もいる。全ての異性に可能性を残しておきたいのである。

そんな人が時にものすごくエネルギッシュに活動しているように見えることがある。しかしこの人も実は自分の決断ができないでいるにしか過ぎないこともある。

アーブラハムの言うごとく「それは決して完全には成功しない」。そのように決断を逃げて活動的な人は、いつか抑うつ気分に襲われる。

躁うつ病者は「躁《そう》」のときには激しく活動しているが、よく観察するとやはりどことなく自信がない。仕事をしても大言壮語をするだけで地に足がついた努力をしていない。

派手な恋愛をするが心がふれあっていない。たとえば派手な人と恋に陥る。形式的には「恋」であるが、心のふれあいはない。もともと自己疎外されたままである。

失恋して自殺未遂まがいのことを起こす。

そういう人は、何かの決断から逃げている。現実から逃げているのである。避けて通れないことを避けて通ろうとして動き回っているのである。

またたとえば本来は「愛されたい」という願望が強い。その願望を実現するエネルギー、つまり愛されたいというエネルギーが、仕事に向けられる。

自分の「愛してほしい」という願望を素直に表現できない。そこでその素直に表現できないエネルギーを、仕事に向ける。

赤ん坊のときには、母親への要求は素直に表現される。たとえば仰向けに寝たければ仰向けに寝る。おしめを替えてもらいたければ替えて欲しいと要求する。素直にそのままに生きている。素直にエネルギーは表現される。

老人ホームで看護師さんのおしめの替え方で老人が元気になると言う。そこに愛を感じるからであろう。お下の世話をしてくれという要求は強い。それはおそらく母親固着のエネルギーであろう。老人になってもまだ肛門欲求が満たされていないのである。

お下の世話を気持ちよくしてくれという要求は強いだろうが意識されない。この願望が満たされるか満たされないかで性格は違ってくるというアーブラハムの考え方は頷《うなず》ける。

本来はこうした「愛されたい」というエネルギーが、その「愛されたい」という本来の目的に向けられないで、仕事に向けられる。本来の目的から目をそらしてものすごく働いているのである。

それは活発に仕事をしているようだけれども本質的に心が満たされていないからいつかは挫折するであろう。

ちょうど内臓が悪くて、本来は入院して治療しなければならないのに、ジョギングしている人のようなものである。「俺はこんなに健康だ」と内臓の悪さから目をそらして必死にジョギングしているだけで、いつかは倒れる。

「自分はこれで生きていく」という覚悟ができていない。

ここで大切なのは適切な目的を持つから幸せなのではなく、幸せだから適切な目的を持つということである。

不幸な人は、自分が幸せになる条件は「こうあることだ」と思っていることが多い。そこで「こうあること」を目的にしてしまう。結果としてさらに不幸になる。

不幸な人の目的というのは、自分の心の葛藤を解決するための目的である。自我が不安定だから自我の安定を求める。

もっと分かりやすく言えば、劣等感からの目的である。深刻な劣等感のある人は、「こうなれば」劣等感がなくなると思うような目的を持つ。

しかし残念ながら、努力すれば努力するほど劣等感は深刻になる。成功しても失敗しても劣等感だけは深刻になる。

努力には心理的に健康な努力と、心理的に不健康な努力と二つある。

努力そのものが、人の幸せにとって望ましいわけではない。

心の葛藤を解決するための努力が心理的に不健康な努力であり、自己実現のための努力が心理的に健康な努力である。

大きな望みを抱いている人が全て志の高い人ではない。大きな望みを抱いている人の多くは深刻な劣等感のある人である。

劣等感が深刻であれば深刻であるほど、世俗の野望は大きい。非現実的ほど高い望みを持つ。まさに適切な目的の反対である。

何よりも適切な目的の努力は報われるが、適切な目的ではない場合には努力が報われない。

適切な目的ではない場合には自分の位置を間違っていることが多い。そこがその人の努力をする場所ではない。さらに進む方向が間違っている。

無理をしてある会社に入っても、多くの場合その会社での努力は報われない。

人には必ずその人が働くに適した会社がある。みんなが知っている「良い会社」がその人にとって良いわけではない。

適切な目的ではない箇所で頑張る人は、最高と最善が分かっていない。

シーベリーの言う「不幸を受け入れる」ということと適切な目的を持つということは言うまでもなく深く関係している。というか、同じことと言ってもいいかもしれない。

非現実的なほど高い期待を自分にかけるということは適切な目的を持てないということである。

自分に欠けていることを受け入れられないということである。


幸せな人の共通性の三つ。楽観主義的考え方、良い人間関係、適切な目的。三つとも、自己疎外された人ではない。自己疎外された人には幸せな人の三つの共通性がない。

この三つに共通するのは憎しみの感情である。悲観主義である。

ただ悲観主義は隠された憎しみであるから、それは同じことである。

憎しみは、適切な目的の障害にもなるし、良い人間関係を妨害する。

基準3　親しい人がいるかどうか

周囲の人と「相互関係」をつくる

適切な目的かどうかを判断する基準の最後は、親しい人がいるかどうかである。

適切な目的を持った人は、達成したことの少し上を目指す。

非現実的な期待を持つ人は、適性に合ってないことをしている。

さらに親しい人ができない。身近な人との内的遠さである。

「もっとも身近なものの内的な遠さ(注53)」

要するに「依存と敵意」が解決していない。心理的に未解決な問題を抱えている人。

ひどい人間関係の結果が、不適切な目的であり、不適切な目的の結果が、ひどい人間関係である。ひどい人間関係と不適切な目的とは悪循環していく。

適切な目的、それにはコミュニケーション能力が必要である。

さらに適切な目的を持つためには、その人が周囲の人と相互性の関係ができていることである。

ロロ・メイが言うように「対人関係の場での欲望には相互性が前提になる。相互性が壊れたとき、その人間は破滅していく。(注54)」

適切な目的を持っている人はコミュニケーション能力があるから、その欲望には相互性がある。

メサイア・コンプレックスの人の欲望には相互性がない。つまりメサイア・コンプレックスの人が「救ってやる」と言っても、相手は「救ってもらいたい」と思っていない。

「あなたを救ってあげたい」に対して「あなたに救って欲しい」が相互性である。

適切な目的を持てない人は、自分の心の葛藤を解決するための目的である。メサイア・コンプレックスの人も同じである。

自分の心の葛藤を解決するための目的で、相手との関係における欲望ではない。つまり相互性がない。

心の葛藤を解決する人は、退行欲求を断ち切って、成長欲求に従っている。

相互性のない苦しみは、成熟の機会ではない。

相互性のある欲望から生じる苦しみは、成熟の機会である。

そこに成果がなくても心は満ち足りている。


父親はそれを望んでいるが、子どもはそれを望んでいない。ただ父親に認めてもらいたいだけである。

父親も子どものために望んでいるのではなく、自分が世間へ自慢するための息子の成功である。

そこに相互性はゼロ。「私はこうなりたい」という望みではない。「息子がこうなることを望んでいる」という望みではない。

父親の「世間を見返したいという欲望」と、「父親に認めてもらいたい」という息子の願いには相互性はない。お互いに人間性は破滅している。

相互性のない期待をかなえることがいかに無意味か。

ある人は「自分の将来なんとなくやりたいことがあるのに、親の目を気にしていたと思います。なんだかこそこそ生きてきたような気がする」と言った。

この人は親の仕事を手伝っている。

「この仕事をしているからあの家に住まわせてもらえ、ご飯も食べさせてもらえ、テレビも見せてもらえ、布団に寝ることもできる。自分のやりたい仕事なんて考えられない」

無理にそう言い聞かせていた。

自分の内から出た目的を持ち、自発的努力をし、成長欲求に従って生きてくれば、長い間に自然と親しい人ができてくるに違いない。

中年になっても心がふれあう人がいなければ、やはり今までの生き方を反省する時期である。

不適切な目的を持っていれば、長い間のストレスで人間としての自然の感情が摩滅している。人と実存的なレベルでコミュニケーションすることができなくなっている。

その関係には心のふれあいがあるか

そうした場合、反省することは主に二つある。

一つは、価値観である。

まず価値観が歪んでいる。優越することが第一となり、人とふれあうことがおろそかにされている。つまり優越することが喜びとなり、人とコミュニケーションすることが喜びでなくなっている。

そうしているうちに、喜ぶ能力、幸せになる能力そのものが失われる。コミュニケーション能力のさらなる喪失もある。

その結果、生きている意味の喪失が起きる。

優越できて喜ぶか、優越できなくて苦しむかの人生になってしまう。

もちろん優越できて喜ぶと言っても空虚な喜びである。コミュニケーションのない喜びである。

適切な目的を持って生きてきた結果は必然的に良い人間関係、健康な人間関係に結びつく。適切な目的と良い人間関係は好循環していく。

不適切な目的を持って生きてきた結果は必然的に悪い人間関係、不健康な人間関係に結びつく。

そうした場合反省することのもう一つは、価値観である。

自分が今までに接した周囲の人の質を振り返ることである。

お互いに心のふれあいがなかった。努力したのに何も残らない。

自分はなぜそういう人達と深くかかわったのか？

それは何よりもその人達への依存心である。その人達との関係はこちらの退行欲求で始まっている。

不健康な人間関係で生きてきた人は、「なぜそこまでその人達に気に入られようと努力したか？」という反省が必要である。

なぜそこまでその人達の心を見ようとしなかったかということである。

相手がちょっとつまらなそうだったりすると「やっぱり私といてもつまらないのだ」と思ってしまう。

こういう人は相手を全く見ないで、相手が自分をどう見ているかということばかり考えている。自己執着である。

ある人は通りがかりの人、電車でたまたまあった人、全く知らない人にも好かれたいと思ってしまうという。

つまりこれらの説明は自分の依存心、あるいは退行欲求、愛情飢餓感以外には考えられないであろう。

ことに中年期には人間関係を見直すことが大切である。

単なる関係はいかに頻繁に接触していても意味がない。仕事で毎日接触していても、心のふれあいがない関係では、仕事が終わった後には何も残らない。

「金の切れ目が縁の切れ目」という言葉がある。現実の接触が切れたときが、関係の切れたときになる。

意味のある人間関係か、意味のない人間関係かは現実の生活の接触の頻繁さではない。心のふれあいがあるかないかである。

とにかく心のふれあいのある人とつきあう。そういう人を大切にする。

今の人間関係を見直すことが大切と分かっても、今の関係を変えることができないのが、人間関係依存症である。アルコール依存症の人が、お酒をやめようと思ってもやめられないように、この人と別れようと思っても別れられないのが、人間関係依存症である。

退行欲求からの接触は、いかに接触が頻繁でも後に何も残らない。

逆に成長欲求で動いているときにできた人間関係は、その人の人生の宝になる。老後まで続く。

頻繁な接触が、必ずしも後に人生の財産として人とのつながりにはならないと書いたが、同時に制度的につながっているということも、人生の財産にはならない。

制度的につながっているというのと、心のふれあいがあるというのとは違う。

同じ会社にいるとか、同じ課にいるとか、母校が同じだとかいうことである。もちろんそういうつながりが人生の財産になることもある。しかしそれはあくまでも心のふれあいがあってのことである。

同期の桜で心のふれあいがあれば、同期の桜は人生の財産になる。しかし心のふれあいがなければ、同期の桜は何の意味もない。接していても意味がない。幸せを感じない。

幸せな人の共通性の三つを総合して考えると、幸せな人とは、要するに自己疎外されていない人である。自分自身の感情を持っているということである。自分の内から出た自発的な感情で人とつながっている。

幸せな良好な人間関係を持っている人というのは、自己疎外されていない人の関係ということである。その人間関係が後に人生の財産になる。

そのときには同じ仕事で、四六時中一緒にいるとしても、お互いに自発的な自分の感情を持っていないとすれば、つまり自発的な自分の感情からつながっていないとすれば、仕事が終われば、関係は終わる。

つまり自己疎外された人同士の関係は、仕事が終わると同時に、その人間関係も終わる。後には何も残らない。年月が経ってから「あいつは今、どうしているか、幸せになっているだろうか?」という思いは残らない。

「人に認めてもらいたい、気に入られたい、ほめられたい」という努力や頑張りは、その人の人生に何も残さない。

一般的に言えば、退行欲求からの努力は、その人の人生に何も残さない。どんなに頑張っても、日々の辛い努力は水の泡のように消えていく。

残るとすれば「悔しい気持ち」だけである。「あんなにしてあげたのに」という恨みである。

価値達成タイプの人の勘違いはここである。退行欲求からの頑張りも、価値達成するときがある。つまり結果が出るときがある。そのときには、喜ぶかもしれない。ビールの泡のように時とともに消えてしまう。

しかしそれは安全性の優位でしかない。「成長することよりも認められることが優先する」という心理的メカニズムでしかない。成長の喜びではない。

安全性の優位と成長欲求は矛盾する。幸せは安全性の優位と矛盾する。

成長すること、それが人間の唯一の生きのびる道である。

価値達成が、人生の財産になるのは、その価値達成の過程で、心のふれあいがあったからである。

価値達成そのものが人生の財産になるのではない。

最終章

後悔しない人生を歩むために

――心の中に「目標」を持て

「欲」ではなく「好き」で動く

「欲」があると適切な目的が持てない。

ある深刻な劣等感のある人が「自分は何でもやりたい」と言った。

彼は「高校時代に一人も友達ができなかった」という。それは「つきあって、相手に失望されるのが怖いから」である。

さらに彼は次のように言った。

「僕は日本中の、世界中の女の人の注目の的になりたい。誰よりも目立ちたい、誰よりも女にもてたい。それが僕の夢です。僕は有名になりたい」

いろいろなことを話していくうちに彼の「夢」は広がる。

「プロ・ゴルファーになりたい、精神科医になりたい、役者もしたい、短歌もつくりたい、小説も書きたい、教師にもなりたい」

確かに彼は「何でもやりたい」のであるが、同時にやりたいことが分からないのである。

彼は本当に望んだことが何もない。それを超えて彼はどう生きたらよいのか分からない。

彼の問題は地道な努力をしないことである。日々の努力がノーベル賞になるのだが、彼はまず「ノーベル賞受賞の栄光が欲しい」になる。

彼は「自分をつまらない人間、弱い人間」と言っているが、それを受け入れていない。

だから「僕は世界中の女の人の注目の的になりたい」のである。

人は地道な努力で次のことが分かる。

1　自分の長所が分かる。

2　自分の限界が分かる。

「ここまで頑張った。これが自分の限界」と無理なく自分の限界を受け入れられる。

地道な努力か、そうでないかは、毎日していることが積み上がっていくか、積み上がっていかないかで分かる。

人間関係でもずるさは積み上がらないし、花咲かない。ずるい人には長続きする親しい人がいない。

今書いた深刻な劣等感のある男性は自分のことが嫌いなのである。だから「何でもやりたい」のであるが、同時にやりたいことが分からない。目的が明確ではない。

逆に自分が好きな人がいる。

好きなことは困難があってもできる。本田宗一郎のような人は技術開発が好きだったのだろう。

「欲」と「好き」とは違う。

たまたま運が向いてきたという人はダメ。バブルで仕事ができるという人はダメ。

深刻な劣等感のある男性は、こういうときに欲で行くから不安になる。人は欲が出て道を踏み外す。

欲がないから、自分が見えてくる。そこで「自分は今、たまたま運が向いてきているだけ」と判断できる。そういう人は道を踏み外さない。

欲で道を踏み外す人がいる。その欲とは名誉欲であり、虚栄心である。あるいは昔の屈辱を見返したいという復讐心である。

エリート・コースを走って得意になっている官僚がいる。あるいはエリート・コースを外れて欲求不満な官僚がいる。

彼らは政治が好きでもないのに、欲や欲求不満からつい政治家に立候補する。

自分自身が政治にでなくても、その世界に走る。

ある職人さんである。仕事がうまくいかなくて地位や名誉を求める。ある人の町長選挙にかかわった。そしてその人は町長になった。彼は「俺が、あいつを町長にしてやった」と威張った。しかし「挨拶に来ない」と不満になっている。

欲で動く人達はまず、いい人生にはならない。人を批判しながら人生を終わる。

「欲」ではなく「好き」で動く人は目的が明確で、社会的に成功しても失敗しても満ちたりて人生を終えていく。

「本当にやりたいこと」はあきらめない、やめられない

よく「どうしたら作家になれますか?」という質問を受ける。

実はこのような質問をする人は、作家には向いていない。自分が本当に「したい」ことが分かっていない。

作家に向いている人は、「どうしたら?」と考える前に書いている。

自分は「出版社から原稿を頼まれて書く」という発想の人は、作家志望という願望を捨てた方がよい。

頼まれなくても書かないではいられなくて書くという人が作家志望になるのは自然である。

さらにもう一つ重要なことがある。それは書き上がったものを出版社に持ち込んで断られたときに、どういう気持ちになり、どう行動するかということである。

断られたときに、すぐに作家になるのを諦める人は、まさに作家に向いていない。

適性があるということは周囲の人がどんな態度に出ようが自分の姿勢は変えないということである。

作家ばかりでなく、どんな職業であろうと、断られてすぐに落ち込んでそのことをやめる人は、その職業に適性がない。

適性に沿ったことをしている人は、他人が断ったからと言ってそのことをやめない。

地道な努力を続けている人は、自分が何をしたいか、何をしたくないかが分かっている。

断られてくじけたら、自分はそのことに適性がないと思ってよい。適性ではなく、「認めてもらいたい」ということでしていることは、断られると落ち込む。

格好いいことは明日につながらない。

ある人はカラオケ大会で落選してひどく落ち込んだ。

「八年前のことだが、今も昨日のように思い出す。私はいちいち人と張り合う。自分が勝って人が負ければ満足。そのカラオケ大会では多くの人が入賞した、私は落選した。悔しくて、悔しくて、毎日が地獄でした。こんなに悔しいことはありません。自殺しようと思いました。思い出すと本当に辛い。涙が出てくる。もしかすると自分の団地の上から飛び降りていたかもしれない」

彼はカラオケで落ち込んでいるのではない。すでに自分に失望している。

人は自分の適性に沿ったことをしていると、何か断られても不思議に落ち込まない。

ある人が出版社に原稿を持ち込むときに「恥ずかしい」と感じたという。この人は作家の適性がない。

自分の適性に沿ったことをしているときには、原稿を持ち込むことを惨めとか恥ずかしいとは感じない。

書いた原稿を持ち込むことを、太陽が東から昇るように当たり前のことと思っている。

仕事の意味と満足は違う

仕事に満足していることと仕事に生きがいを感じることとは違う。

簡単な仕事で高い給料がもらえれば、多くの人はその仕事に「満足している」と言うだろう。しかしその仕事に生きがいを感じているということは別である。

きつい仕事で安い給料でもやりがいのある仕事というのはある。何か自分の使命感を満たすものがあれば、その仕事は、きつくてもやりがいはある。

「意味と満足」という二つは、本質的に別のものである。生活に満足という場合も同じである。良い生活ができれば生活には満足である。

しかしそれは幸せとは違う。生活の張りとは違う。

仕事を考えるときも二つの軸を考えればよい。

一つは仕事の満足と不満足という軸である。

もう一つはやりがいと無意味感である。

我々はつい自分が恵まれていることを忘れがちである。自分が今やりがいのある仕事に就いていても、仕事の不満足の方に注意を奪われてしまうことがある。

逆に満足する仕事に就いているのに、「こんな仕事つまらない」と言う人も多い。

大切なのは、自分の人生の目的である。自分は何を目的にしているのか、自分はどういう生き方をしたいのかが心の中で定まっているかどうかである。

「自分は生きがいを選んだのだ」ということがハッキリとしていれば、不満に気を奪われないのに、そのことがハッキリしていないと不満に気を奪われる。

仕事で疲れたときに、気持ちが落ち込むか落ち込まないかの違いが出る。生きがいを選んだのだということがハッキリとしていれば、疲れても落ち込まない。しかしそれがハッキリとしていなければ、抑うつ気分になる。

自分の原点を忘れてしまうということはそういうことである。

ある和裁をしている女性である。和裁を続けるか続けないかで迷っている。

和裁をしていれば、将来が安定しているからである。でも英語が好き。通訳ガイドの仕事がしたい。ところが自信がない。

このまま好きでもない仕事を続けるのか？　そう毎日迷っている。

迷う気持ちはよく分かる。彼女は「安定していて」かつ「好きな仕事」を求めているから迷っている。

もし和裁を続ける場合には「私は安定を選んだ」とハッキリと自覚することである。そして通訳ガイドをしようとするなら「私は通訳ガイドを選んだ」とハッキリと自覚することである。

そうでないとどちらを選んでも不満になる。

ただこの人の場合、通訳ガイドの資格試験を受けに行かないことを考えると「本気かな？」という気がする。

「目指すもの」があれば、何があっても耐えられる

たとえば雪のアルプスに登ることが目的だとする。たくさんの荷物を持っていく人はいない。よけいなものは皆捨てて、必要最小限の荷物にして、登り出す。

それは目的がハッキリとしているからである。

具体的な目的のない人は、どうしても「あれも欲しい、これも欲しい」になってしまう。

そしてその欲張りの心理がその人の健康を害する。

「今自分は、恋人が大学院で勉強を続けるために働いているのだ、彼の生活のために働いている」という明確な目的があれば、多少嫌なことがあっても「お金をもらうのだからこれくらいしょうがない」と思える。

なんでもよい。「このために働いている」ということが明確なら、耐える力は出る。

次の人は正社員の職を探しながらアルバイトをしている人である。

今は早朝、二時間半だけの弁当を作るだけのアルバイトをしています。後は荷物を運ぶ仕事で、人のことをとやかく言う暇もなく、働くだけなので、気が楽です。

このように言って「気が楽で、幸せです」と言う。

つまりパーソナリティーに不満を抱えている人が仕事をするのと、パーソナリティーに不満を抱えていない人が仕事をするのとでは、仕事の不満は違う。

先に「National Institute on Aging」という機関が十年間にわたって調査をしたということを書いた。

そこで「ある特性を持った人は困難に出会っても、なお幸せを更新していく」と書いた。

仕事と生きがいを考えるとき、仕事の問題とパーソナリティーの問題を分けて考えなければいけない。

心が成長できる目標を持つ

そもそも「何か目標があるかないか」は小さい頃から極めて重要である。

アドラーは「個人的な目標がある場合にのみ、心理的な発達は起きる」(注55)と述べている。

心の成長に目標を持つことがいかに大切かということである。

権威主義的な家庭に育ち、小さい頃から親に従順であった人は、自分自身の目標というものがない。アドラーの言葉を借りれば、小さい頃から心理的発達がないことになる。

さらに重要なことは、意志は適切な目的に向かっているときにのみ働く。非現実的なほど高い期待を持って頑張っているときには、恐怖感であって意志ではない。意志と恐怖感とはよく間違えられる。うつ病になるエリート・ビジネスパーソンや、エリート・コースから外れて自殺するエリート官僚は、それまで意志のない人であった。彼らはそれまで意志の強い人に見えたかもしれないが、頑張った動機は恐怖感である。ロロ・メイの言葉を借りれば、彼らは意志はあるけど愛はなかった。

おわりに

不眠症で悩んでいた人が、会社を辞《や》めて不眠症が治ったというような場合は仕事が心の病の原因と分かる。

それよりも「仕事を辞める」ということを話しはじめたら「本当に不思議ですが、嘘のように不眠症が治り、食欲も戻りぐっすりと眠れるようになりました」と言う人もいる。

その人は「子どもと接すること、主人と他愛もないことを話すことなどなどがこれほど楽しく、気持ちを晴れ晴れとすることかということに気がつきました」と言う。

仕事で挫折したある人は次のように言った。

「私は今まで、何かをしてもらうことばかり考えていました。自分から愛情を持って接するということが人間をこんなにも落ち着かせるものかと驚いています。

会社を辞めて生活は苦しくなりましたが、心の中は今までに味わったことのない満足感でいられることと思います。

これでもう一人子どもを産んで育てていく自信ができました。

これからの人生、地位や名声等にとらわれることない、心のゆとりのある人間として生きていこうと思います。

妻として、一人の女性として、本当によかったと思います」

これは経済的な豊かさのために自分の本当の人生を失っていた例である。

逆なことも多い。

離婚をして仕事に打ち込めるようになったという人もいる。

心に余裕がないことを経済的に余裕がないと言ってしまっている人のなんと多いことか。

心の貧しさは目に見えないが、経済的貧しさは目に見える。そこで本当の原因は心の貧しさなのに、経済的貧しさに原因をすり替える。

実は生きるのが辛いのは、家庭が上手くいっていないことが原因であると思っていなかったが、違うと気がつきましたという人もいる。生きるのが辛いのは、「今の仕事が嫌なことだと思っていた」と言う人もいる。

本当の原因は、家庭が上手くいっていないことだと気がつきましたという。

耳が遠くなり講義にも差し支えるようになった教授が病院に治療に行ったがどうしても治らない。

ところが定年退職したとたんこれまた「嘘のように」すっかりと治ってしまった。

大切なことは、今仕事が上手くいっていないことの本当の原因を突き止めることである。

実は人生が八方塞《ふさ》がりになっているときに、その自覚がなくて、見える仕事に原因を求めている場合がある。そんな場合に仕事を変えても意味がない。転職しても新しい資格を取っても意味がない。

仕事が楽しくないばかりでなく、生きることが楽しくない人がいる。そういう人は何をしても楽しくない。

人と話していても楽しくない、将棋をしていても楽しくない、歌を歌っていても楽しくない。

こんなときに「自分の今の仕事が自分に向いていない」と考えがちである。

今楽しくないのは仕事の問題ではなく、これは自己憎悪の問題である、今までの生き方の問題である、という場合もある。

何よりも大切なのは事態の正しい把握である。

ここで書いたことはあくまでも、実存の問題である。生存の問題ではない。今の時代、人生には生存の問題がないという主張ではない。生存の問題、労働条件の問題は政治の問題である。

労働条件を改善しようという生存の問題と、実存の問題をごっちゃにしては、幸せにはなれない。

政治家の責任と、自分の責任とを混同してはいけない。この本ではあくまでも自分の責任を書いた。

この本は、二〇〇〇年に出版した『子どもを幸福にする愛　辛くする愛』以来の野島純子さんにお世話になった。

加藤諦三

注

1 Martin Seligman, Helplessness, W.H. Freeman and Company, 1975,p.98-99.

2 カール・ヒルティー、幸福論1、氷上英廣訳、白水社、一九八〇年五月五日、一四頁。

3 Michel Argyle, The Psychology of Happiness, Methuen & Co.LTD London & New York, 1987. p.124.

4 Dr.Herbert J. Freudenberger, Ph.D., Burn Out, Bantam Books, 1980. 川勝久訳、バーン・アウト・シンドローム、三笠書房、一九八一年十二月一〇日、二八頁。

5 前掲書、七一頁。

6 Beran Wolfe, Calm Your Nerves, Garden City Publishing Co., INC. 1933, p.233.

7 Erich Fromm, Man for Himself, Fawcett World Library, Inc,1967, p.180.

8 ibid., p.94.

9 青春出版社、二〇一六年六月五日、三〇頁。

10 Sula benet, How to Live To Be 100, The Dial Press, 1976.

11 Mind /Body Medicine/edited by Caniel Goleman, Ph.D., and Joel Gurin. Consumer Union, 1993.

12 Beran Wolfe, How to Be Happy Tough Human, Farrar & Rinehart Incorporated, p.10.

13 Dr.Herbert J. Freudenberger, Ph.D., Burn Out, Bantam Books, 1980, p.51.

14 ibid.,p.20. 川勝久訳、バーン・アウト・シンドローム、三笠書房、一九八一年十二月一〇日、四〇頁。

15 Erich Fromm, Man for Himself, Fawcett World Library, Inc,1967, p.189-190.

16 Karen Horney, Neurosis and Human Growth, W.W.NORTON & COMPANY, 1950, p.166.

17 Beran Wolfe, How to Be Happy Tough Human, Farrar & Rinehart Incorporated, 1931, p.10.

18 David Seabury, How to Worry Successfully, Blue Ribbon Books: New York, 1936. 加藤諦三訳、心の悩みがとれる、三笠書房、一九八三年二月一〇日、一五一頁。

19 周郷博訳、どうしたら幸福になれるか、上巻、岩波書店、一九六〇年十二月二〇日、六四頁。

20 Beran Wolfe, How to Be Happy Tough Human, Farrar & Rinehart Incorporated, 1931. 前掲書、六五頁。

21 Alfred Adler, Understanding Human Nature, Translated by Walter Beran Wolfe, Garden City Publishing Company, INC.,1927, p.32.

22 Beran Wolfe, How to Be Happy Tough Human, Farrar & Rinehart Incorporated, 1931. 周郷博訳、どうしたら幸福になれるか、上巻、岩波書店、一九六〇年十二月二〇日、六六頁。

23 前掲書、六七頁。

24 Beran Wolfe, Calm Your Nerves, Garden City Publishing Co., INC. 1933, p.179.

25 ibid., p.193.

26 Karen Horney, Neurosis and Human Growth, W.W.NORTON & COMPANY, 1950, p.23.

27 ibid., p.26.

28 ibid., p.28.

29 Abraham H. Maslow, Toward A Psychology Of Being,D.Van Nastrnd Co. Inc., 1962, p.32.

30 Philips Slater, The pursuit of loneliness, 1970, p.6.

31 Erich Fromm, Man for Himself, Fawcett World Library, Inc,1967, p.181.

32 Philips G. Zimbardo, Shyness, Addison-Wesley Publishing Company, 1975, p.39.

33 Abraham H. Maslow, Toward A Psychology Of Being、D.Van Nastrnd Co. Inc., 1962, p.32.

34 Beran Wolfe, How to Be Happy Tough Human, Farrar & Rinehart Incorporated, 1931. 周郷博訳、どうしたら幸福になれるか、下巻、岩波書店、一九六〇年十二月二〇日、六三頁。
35 前掲書、一九六頁。
36 Muriel James & Dorothy Jongeward, Born To Win, Addison-Wesley Publishing Company, 1971,p.16.
37 Erich Fromm, The Heart Of Man, Harper & Row, Publishers, New York, 1964. 悪について、鈴木重吉訳、紀伊國屋書店、一九六五年、八一頁。
38 前掲書、八〇－八一頁。
39 John Bowlby, Separation, Volume2, Basicbooks, A Subsidiary of Perseus Books, L.L.C.,1973, p.278. 母子関係の理論2 分離不安、黒田実郎、岡田洋子、吉田恒子訳、岩崎学術出版社、二八五頁。
40 Ellen Langer, The Power Of Mindful Learning, ADDISON WESLEY, 1996, ハーバード大学教授がこっそり教えるあなたの「天才」の見つけ方、PHP研究所 二〇〇二年七月三日、四一頁。
41 Daniel Goleman, Emotional Intelligence, Bantam Books, 1995, p.203.
42 Gina O,Connell Higgins, Resilient Adults:Overcoming a Cruel Past, Jossey-Bass Publishers San Francisco, 1994, p.107.
43 H. Jackson Brown, Jr., Life,Little Instruction Books, Rutlege Hill Press,1994. 名言は人生を拓く、講談社、一九九四年四月二五日。
44 日米比較研究会、データで見る日本vsアメリカ、PHP研究所、一九八九年、一八二頁。
45 Alfred Adler, The Science of Living, Garden City Publishing Company, 1929, p.217.
46 Karen Horney, Neurosis and Human Growth, W.W.NORTON & COMPANY, 1950, p.38.
47 ibid., p.24.

48 Karl Kuehl, Mental Toughness A Champion's State of Mind, Ivan R. Dee, 2005, p.6.

49 Ellen J. Langer, Mindfulness, Da Capo Press, 1989. 加藤諦三訳、心の「とらわれ」にサヨナラする心理学、ＰＨＰ研究所、二〇〇九年一〇月二日、一二八頁。

50 Karen Horney, Neurosis and Human Growth, W.W.NORTON & COMPANY, 1950, p.195.

51 David Seabury, How to Worry Successfully, Blue Ribbon Books: New York, 1936. 加藤諦三訳、心の悩みがとれる、三笠書房、一九八三年二月一〇日、一五二頁。

52 Hubertus Tellenbach, MELANCHOLIE,Springer-Verlag,1961.メランコリー、木村敏訳、みすず書房、一九七八年、一二二頁。

53 前掲書、二九四頁。

54 Rollo May, Love and Will, Dell Publishing Co., INC., 1969, 小野泰博訳、愛と意志、誠信書房、三〇七頁。

55 Alfred Adler, Understanding Human Nature, a new Translation by Colin Brett, Hazelden,1998, p.37.

著者紹介

加藤諦三 1938年、東京生まれ。東京大学教養学部教養学科を卒業、同大学大学院社会学研究科修士課程修了。現在、早稲田大学名誉教授、ハーバード大学ライシャワー研究所客員研究員、日本精神衛生学会顧問（元理事）。ニッポン放送系ラジオ番組「テレフォン人生相談」のレギュラーパーソナリティを約半世紀つとめている。『「自分の働き方」に気づく心理学』『あの人はなぜ、ささいなことで怒りだすのか』（以上、小社刊）、『自分に気づく心理学』『心の休ませ方』（以上、ＰＨＰ研究所）など、心理的側面からよりよい生き方のヒントを与える著書多数。本書は、仕事と生きがいについて「適切な目的」をテーマに考察した、著者渾身の「仕事と人生の幸福論」である。

ホームページ　http://www.katotaizo.com/

働《はたら》き方《かた》が自分《じぶん》の生《い》き方《かた》を決《き》める

2018年１月５日　第１刷

著　　者　加藤《かとう》諦三《たいぞう》
発行者　小澤源太郎

責任編集　株式会社 プライム涌光
電話　編集部　03(3203)2850

発行所　株式会社 青春出版社
東京都新宿区若松町12番１号 〒162-0056
振替番号　00190-7-98602
電話　営業部　03(3207)1916

印　刷　中央精版印刷　製　本　フォーネット社

万一、落丁、乱丁がありました節は、お取りかえします。
ISBN978-4-413-23068-1 C0012